JN430368

경희대학교 아프리카연구소 역사총서 17

가봉의 역사

홍명희 저

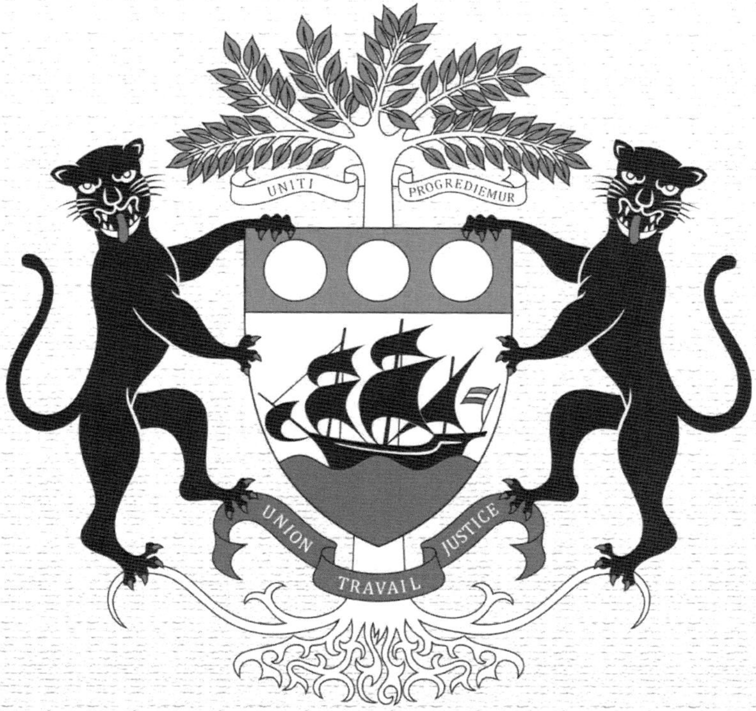

도서출판 아딘크라

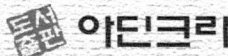

홍명희는 프랑스 부르고뉴 대학에서 문학박사 학위를 받았으며, 경희대학교 프랑스어학과 교수로 재직하고 있다. 경희대학교 아프리카연구센터 소장직을 역임했다.

※ 이 저서는 2021년 대한민국 교육부와 한국연구재단의 지원을 받아 수행된 연구임 (NRF-2021S1A5C2A02086919)

서문

중부아프리카에 위치한 가봉의 정식 명칭은 가봉 공화국 (République gabonaise)이다. 국토 중앙으로 적도가 지나가고, 동쪽과 남쪽으로 콩고 공화국, 북쪽으로 적도기니와 카메룬과 접하고 있다. 행정 수도는 리브르빌이고 경제 수도는 포르-장티이다. 많은 다른 아프리카 국가들과 마찬가지로 가봉도 오랜 기간 피식민지의 경험을 가지고 있다. 가봉은 121년이라는 시간을 프랑스의 식민지로 지내다 1960년에 독립하였다. 현재도 실질적으로 경제적 문화적 프랑스의 영향 아래 있다. 가봉은 그 지정학적 위치로 인해 역사적으로 15세기부터 유럽의 중부아프리카 진출의 교두보가 되어 왔다. 19세기 들어 가봉은 사하라 사막 이남 아프리카의 대명사로 통하던 콩고로 가는 관문으로 통했고, 실제로 20세기 초반 가봉의 수도 리브르빌은 '프랑스 적도아프리카 연방'의 수도였던 시기도 있었다.

가봉은 오랜 1인 독재에도 불구하고 상대적으로 다른 아프리카 국가들에 비하여 정치적으로 안정된 국가로 인식되어 왔다. 200만 명이 조금 넘는 적은 인구에도 불구하고 풍부한 삼림자원과 1950년대 후반부터 채굴되기 시작한 석유 덕분에 가봉은 아프리카에서 가장 부유한 나라 중 하나였다. 유엔에 따르면 가봉은 사하라 이남 아프리카에서 인간개발지수(HDI)가 가장 높으며, 1인당 GDP가 한때는 연 15,000달러가 넘기도 했다. 2010년부터 2012년까지 국내총생산은 연평균 6%이상 성장하기도 했다. 그러나 소득 분배의 심각한 불평등으로 인해 상당수의 인구가 여전히 빈곤 상태에 있는 것은 풀어야 할 숙제이다.

가봉에는 40여 개의 민족이 살고 있지만, 거의 대부분의 민족이 반투족의 하위계열 민족들이기 때문에, 크게 보아 반투족이라 불러도 무방하다. 민족 사이에 공유하는 문화도 많고, 서로 공감대도 높은 편이라 심각한 민족 갈등은 없는 편이다. 19세기 유럽의 활발한 선교활동의 영향으로 기독교가 가장 널리 믿는 종교이고, 국민들의 인식도 많이 서구화되어 있는 것이 특징이다. 공식 언어는 프랑스어이고, 국민의 80%가 프랑스어를 구사할 수 있어서 프랑스어권 아프리카 국가들 중에서도 가장 프랑스어 소통이 원활한 국가로 손꼽힌다.

가봉은 드물게 우리에게 익숙한 아프리카 국가 중 하나이다. 대한민국과 가봉은 1962년 수교를 맺었고, 가봉은 1975년 대한민국을 국빈 방문한 최초의 아프리카 국가였다. 당시 전 국가적 환영 행사로 인하여 가봉의 봉고 대통령 이름이 오랫동안 회자되기도 하였다. 당시 가봉 대통령의 방문을 계기로 대한민국은 가봉과의 경제 협력으로 수도 리브르빌에 최초의 현대식 백화점을 건설하고 운영했으며, 이 건물은 현재까지도 리브르빌의 주요 건물로 손꼽히고 있다. 봉고 대통령은 1975년 방문이래로 1990년대까지 3차례나 더 대한민국을 방문했다. 최초의 국가원수 방한 이래로 가봉은 국제 외교 무대에서 든든한 대한민국의 우방으로 자리 잡고 있다.

우리에게 잘 알려진 아프리카의 성자 슈바이처 박사가 의료 봉사 활동을 펼친 곳이 바로 가봉의 랑바레네였다. 슈바이처는 1903년 가봉에 도착하여 병원을 설립하고 의료 봉사 활동을 시작한 이래 죽을 때까지 가봉에 거주했다.

상대적으로 높은 국내의 인지도에도 불구하고 가봉에 대해서 파악할 수 있는 국내 자료들은 극히 빈약하다고 볼 수 있다. 정부 기관과 연구소에서 생산한 경제적 진출을 전제로 한 몇몇 국가 개관 보고서들을 제외하면, 가봉의 역사와 문화에 대한 자료는 거의 전무하다고 볼 수 있다. 이번 가봉의 역사서 출간 역시 전문적인 역사서로 보기에는 부족한 점이 많지만, 미래의 블루오션으로서 아프리카를 바라보는 미래 세대에게 미약한 도움이라도 되기를 바란다.

목차

제1장 가봉 개관

1. 국가 개관

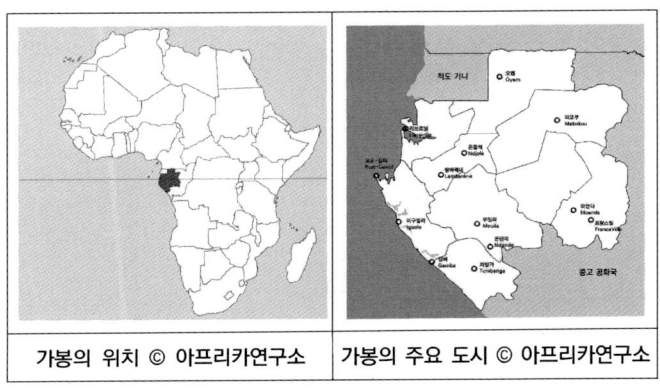

| 가봉의 위치 © 아프리카연구소 | 가봉의 주요 도시 © 아프리카연구소 |

　가봉공화국(République gabonaise)은 중부아프리카의 대서양 연안에 위치하고 있는 나라이다. 위도상으로 서경 9°~14°, 북위 2°30′~남위 4°에 걸쳐 있어서 국토의 중앙으로 적도가 지나간다. 국토의 평균 폭은 남북으로 약 500km, 동서로 약 600km이다. 대서양에 접해있는 서쪽 해안은 굴곡이 심한 해안선이 펼쳐져 있다. 북쪽으로는 적도기니와 카메룬, 동쪽과 남쪽으로는 콩고공화국과 국경을 맞대고 있다. 국토의 면적은 267,667㎢로 한반도의 약 1.2배이다. 영국보다 약간 크고 뉴질랜드보다 약간 작다.

　대표적인 열대 우림 기후로 연평균 기온은 26°C이고 연평균 강수량은 2,000~2,500mm이다. 일 년에 두 번의 우기(2월 중순~5월 중순, 9월 중순~12월 중순)와 두 번의 건기(5월 중순~9월 중순, 12월 중순~2월 중순)가 있다.

가봉의 국명은 15세기 말 포르투갈의 선원들이 지금의 코모 (Komo)강 입구에 도착해서 강 하구의 모양이 코트의 깃처럼 생겼다고 해서 '리오 가바옹'(Rio Gabão, 외투의 강)이라고 이름을 붙인데서 유래했다.

하천

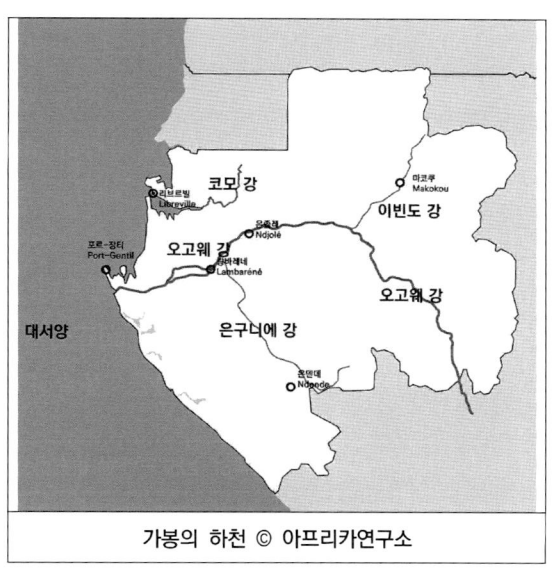

가봉의 하천 ⓒ 아프리카연구소

　　가봉에는 아프리카에서 4번째로 큰 강인 오고웨(Ogooué) 강이 국토의 약 5분의 4에 걸쳐 흐르고 있다. 오고웨강은 수많은 지류를 가지고 있는데, 가장 큰 남쪽 지류는 150km 상류에서 합류하는 은구니에(N'Gounié)강이고 가장 큰 북쪽 지류는 동쪽에서 350km 지점에서 합류하는 이빈도(Ivindo)강이다. 오고웨강의 북쪽에 있는 코모(Komo)강은 오고웨강보다 소규모의 강이지만, 유럽인들의 가봉 지역 진출의 출발점이 된 곳이다. 역사적으로 가봉 지역의 개발은 코모강 하구를 중심으로 이루어져 왔고, 수도 리브르빌도 코모강 하구에 위치하고 있다. 가봉의 강들은 폭포와 급류 지역이 많아 대부분의 강이 선박으로 종주가 불가능하다. 가장 큰 강인 오고웨강도 길이가 1,200km에 달하지만, 3분의 1 정도인 하구에서 은졸레까지만 항해가 가능하다.

지형

가봉의 지형 ⓒ 아프리카연구소

서쪽 해안을 따라 폭 30~200km의 평야 지대가 형성되어 있으며, 해발 고도는 300m를 넘지 않는다. 코모강과 오고웨 강의 하구에 가장 넓게 형성되어 있으며, 내륙에도 큰 강 주변으로 일정 부분 형성되어 있다.

가봉은 영토의 80%가 산악 및 고원 지대이다. 산악지형은 북쪽에는 크리스탈 산맥(Monts de Cristal)이, 중부에는 샤이유 산맥(Massif du Chaillu)이 있다. 두 산맥은 오고웨 계곡으로 분리되어 있다. 남부 지역에는 이콘두 산맥과 마욤베 산맥이 있다. 국토의 북쪽과 동쪽 지역은 고도 300~800m의 고원 지역으로 이루어져 있다. 가봉에서 가장 높은 산은 샤이유 산맥에 있는 이바운드지 산(1,575m)이고, 크리스탈 산맥에 있는 오옘 근처의 템보 산은 1,300m이다. 국토의 거의 4분의 3이 울창한 열대 우림으로 덮여 있다. 초원 또는 사바나는 5분의 1 정도를 차지하는데, 동남부의 오고웨강 상류, 은구니에강 상류 지역에 위치하고 있다. 남서쪽 해안을 따라 좁은 습지와 맹그로브 나무 지대가 펼쳐져 있다. 해안 평야와 연안에는 백악기 퇴적암이 분포하며, 대서양 해안의 포르-장티 남쪽에서는 석유와 천연가스가 산출된다. 망간, 철, 우라늄, 금 등도 가봉의 중요 광물이다.

사회

가봉은 121년간 프랑스의 식민 통치를 겪은 후 1960년 8월 17일 독립했다. 수도는 리브르빌(Libreville)이고 인구는 약

234만명(2021년)이다. 인구 증가율은 2.25% 정도이고, 중위 연령은 21.4세(2010년~2015년)이다. 전체 인구의 87% (2015년)가 도시에 거주하고 있다. 인구가 적고, 천연자원이 풍부하여 국가 GDP는 높지 않지만 1인당 GDP는 9,000달러에서 15,000달러에 달해 아프리카에서 1인당 GDP 상위권 국가에 속한다. 그러나 극심한 부의 편중으로 인해 국민의 상당수가 빈곤층에 머무르고 있다.

프랑스어를 공용어로 사용하고, 인구의 80%가 프랑스어를 구사할 수 있다. 그 외에도 가장 인구가 많은 민족인 팡족의 언어인 팡어 및 기타 토착어들을 사용한다.

가봉은 약 50여 개의 민족들로 구성되어 있는데, 주요 민족은 팡족, 푸누족, 은제비족, 테케족 등이다.[1] 소수의 피그미족과 피그미족 방계 민족들을 제외하고는 대부분의 민족들이 반투족 계열들이라 민족들 간의 문화적 유사성이 많고 서로 간의 연대감도 상대적으로 높아서 민족 갈등은 많지 않다.

종교는 기독교(가톨릭 42.3%, 개신교 12.3%, 기타 가톨릭 27.4%)가 80% 이상을 차지하고 이슬람교가 신자는 10% 정도이다.

---

[1] 아프리카의 민족 구분 문제는 지금까지도 통일된 연구 결론이 나오지 못하는 어려운 문제이다. 대부분의 경우 모족(母族) 아래 수많은 부족으로 분화되어 있어 구분의 기준이 모호하고, 단위 인구도 수천만 명에서 수백 명까지 다양해서 일률적으로 정의할 수 없는 경우가 많다. 부족의 명칭들도 유럽인들의 기준으로 사용된 경우가 많아서 동일한 집단을 서로 다른 이름으로 부르거나 유사한 집단들의 이름을 합쳐서 부르는 경우도 많다.

국기와 국장

| 가봉의 국기 | 가봉의 국장 |

  가봉의 국기는 1960년 가봉이 프랑스로부터 독립하면서 제정되었다. 위로부터 녹색, 노란색, 파란색의 삼색기이고, 녹색은 숲, 노란색은 태양과 적도, 파란색은 바다를 의미한다.

  가봉 국장은 1963년 7월 15일에 제정되었다. 방패의 세 개의 금색 동그라미는 가봉의 풍부한 광물을, 범선은 밝은 미래를 향해 항해하는 것을 의미한다. 방패 뒤의 나무는 오쿠메 나무이며, 두 마리의 흑표범은 대통령의 용기를 상징한다.

제3장 고대 시대

행정구역

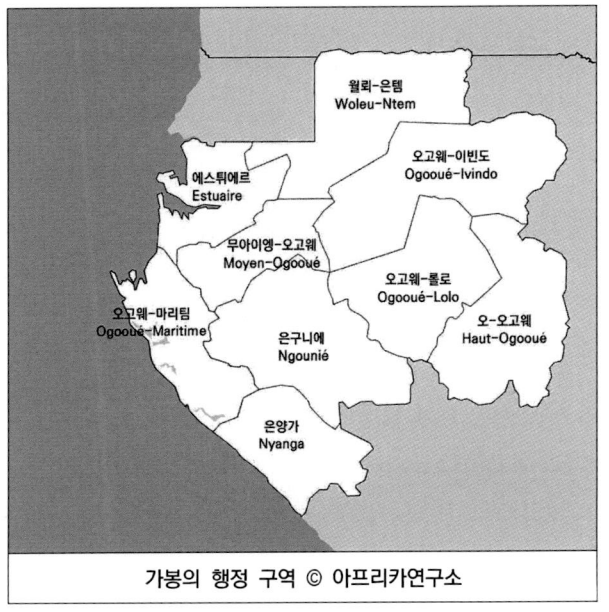

가봉의 행정 구역 © 아프리카연구소

　가봉의 행정 구역은 9개의 주로 구성되어 있다. 무려 5개의 주가 오고웨강을 따라 명명된 것을 보면 오고웨강의 중요성을 알 수 있다. 오고웨 상류를 뜻하는 오-오고웨(Haut-Ogooué), 중류를 뜻하는 무아이엥-오고웨(Moyen-Ogooué), 해안을 뜻하는 오고웨-마리팀(Ogooué-Maritime), 오고웨강과 이빈도 강의 합류를 뜻하는 오고웨-이빈도(Ogooué-Ivindo), 오고 웨강과 롤로강의 합류를 뜻하는 오고웨-롤로(Ogooué-Lolo) 등이다.

2. 경제

가봉 국민의 약 80%가 도시에 거주하고 있다. 수도인 리브르빌에는 전체 인구의 60%가 거주하고 있고, 울창한 삼림으로 덮여 있는 나머지 지역은 인구밀도가 매우 낮다. 적은 인구로 인해 수치상으로는 아프리카 국가 중 최상위권에 속하는 1인당 GDP를 가지고 있지만, 실제로는 인구의 30%가 빈곤선 이하에서 살고 있다. 2021년 유엔 개발 계획 (UNDP) 인간 개발 지수에서 191개국 중 112위로 하위권에 속해있지만 사하라 이남 아프리카에서는 상위권에 속한다.

국가 경제의 대부분을 원유와 목재, 망간 등 천연자원의 수출에 의존하고 있다. 2013년 실업률은 20% 이상으로 추산되며, 특히 청년실업 비율이 60%를 차지한다. 산업 분야 전반에 걸쳐 프랑스의 영향력이 절대적이며, 대규모 사업들은 대부분 외국 자본에 의해 이루어지고 있다. 외국 노동력에 대한 의존이 높아서, 숙련된 기술 분야뿐만 아니라 일반 노동 시장에서의 외국인 노동자 비율이 높다. 특히 비숙련 노동 시장에서 타 아프리카 국가 출신 노동자들이 많다.

석유 및 석유 산업
석유 수출은 국가 GDP의 거의 50%, 수출의 80%를 차지하고 있다. 1957년 포르-장티 인근에서 개발되기 시작한 유정은 이후 30여 개에 이르렀으며, 한때 아프리카에서 5번째로 큰 석유 생산국이었다. 1970년대 원유 가격 상승과 맞물려 석유 생산은 이례적으로 높은 경제 성장을 견인하기도 했다. 석유 생산량은 1997년 일일 37만 배럴의 최고치를 찍은 후 점차 감소하고 있으며, 매장량이 점차 고갈되고 있다. 2012년에는 가동 중인 석유 생산지가 6개로 줄었으며 2023년 하루 생산량은 약 20만 배럴이다.

포르-장티 해안의 석유 시설 © 위키피디아

광산 및 광업 산업

가봉은 세계에서 두 번째로 큰 망간 생산국이며 호주와 남아프리카공화국에 이어 세계에서 세 번째로 큰 망간 수출국이다. 2012년 세계 수출의 13.7%를 차지한 가봉의 망간 광석은 평균 46%의 높은 망간 함량을 가지고 있다. 2011년 생산량은 340만 톤을 기록했다. 망간 광석은 주로 오-오구웨 주에 있는 모안다(Moanda)에서 생산되는데, 노천광산인 모안다 광산은 세계 최대 규모로 전 세계 공급량의 약 15%를 차지하고 있다. 생산량의 70%가 중국으로 수출되고 17%는 현지에서 가공, 6%는 전 세계에 있는 프랑스 공장으로 보내진다.

2025년 5월 30일, 가봉 대통령 브라이스 올리게 은게마는 2029년 1월 1일부터 원료 망간 수출을 금지한다고 발표했다. 정부가 밝힌 목표는 원자재의 현지 가공을 촉진하는 것이지만, 높은 에너지 소비가 필수인 망간 가공 산업의 특성상 산업용 에너지의 확보가 과제로 남아 있다.

가봉에는 망간 이외에도 우라늄, 금, 철광석 몰리브덴 등 많은 광물의 매장이 확인되고 있지만, 매장지들이 대부분 도로나 철도 등 교통 인프라가 갖춰져 있지 못한 지역에 위치하고 있어 개발을 위해서는 대규모 인프라 투자가 선행되어야 하는 문제점을 가지고 있다.

목재 및 목재 산업

가봉은 산림이 국가의 약 85%에 달하고 수많은 수종이 있다. 그중 약 60종의 목재가 상업성을 인정받아 벌목되고 있는데, 수종 중에는 오쿠메가 압도적이다. 오시고 목재가 그 뒤를 따르고 있는데, 오쿠메와 오시고는 2007년 가봉 목재 생산량의 60%를 차지하고 있다. 목재 부문과 관련 산업의 비중은 2013년 국가 GDP의 4% 정도였지만, 고용 측면에서 이 부문은 가봉의 유급 일자리의 거의 3분의 1을 차지한다. 가치 측면에서는 석유 수출을 제외한 수익의 60%를 차지해서 석유 수출

다음으로 중요한 산업이다.

2002년 가봉 정부는 13개의 국립공원을 지정하여 삼림의 약 10%를 보호하고 있으며, 2010년 원목의 수출을 금지하고 가봉 내에서 가공된 목재만을 수출을 허가하는 정책을 채택했다. 특별한 삼림 육성 정책을 채택하고 있지는 않지만, 2000년에서 2010년 사이의 삼림 벌채율이 0.09%에 그칠 정도로 생태학적 관점에서 산림 훼손 문제는 미미한 편이다.

가봉의 삼림 © 위키피디아

3. 가봉의 민족

팡족(Fang)

팡족은 파후인족(Pahouin)으로도 알려져 있으며 카메룬 남부, 적도기니, 가봉, 콩고공화국 일부에 거주하는 반투어족이다. 적도기니 전체 인구의 약 85%를 차지하며, 가봉에서 가장 큰 민족으로 전체 인구의 약 4분의 1을 차지한다. 카메룬 중부 지역에 주로 거주하는 반투어족인 베티-파후인족(Beti-Pahuin)의 일족이며 이들과 공통된 기원, 역사, 문화를 공유한다. 니제르-콩고어족에 속하는 북서부 반투어 언어인 팡어를 사용한다. 팡어는 같은 반투어족 계열인 베티족과 가봉 중부의 불루족(Bulu)이 사용하는 언어와 유사하고 서로 소통이 가능하다.

팡족은 사하라 이남 사헬 지역에서 거주하다 18세기경에 아프리카 서부에서 사헬 지역을 따라 동부로 이주한 플라니족의 압력을 받아 남쪽으로 이주한 것으로 추정되며, 많은 신화와 전설에 이 내용이 남아있다. 팡족은 그들보다 먼저 지역을 점유하고 있던 반투계 민족들을 제압하고 동화시킴으로서 가봉의 가장 큰 주류 민족이 되었다. 전통적인 사회 구조는 부족과 씨족으로 구성되어 있으며, 다양한 친족 관계로 이루어져 있다. 같은 씨족 사이에는 결혼이 불가능하다.

프랑스 식민 통치 시절에 대부분 기독교로 개종했으며, 독립 후 전통 종교에 대한 관심이 높아지고 있다. 가봉의 민족들 중 가장 많은 인구를 가지고 있으며, 사회적 문화적 활동으로 가봉을 대표하는 민족이다. 많은 팡족의 음악과 미술 등이 가봉을 대표하는 전통예술로 남아있다.

팡족의 전통악기 음베(mvet)

음베 © 위키피디아

음베는 팡족 사회에서 가장 인기 있는 악기로, 공명기가 부착된 2개에서 5개의 줄을 가지고 있는 현악기이다. 음베는 팡족의 구전 역사에서 중심적인 역할을 했는데, 팡족은 수시로 마을의 모든 구성원이 모여 음베를 연주하는 축제를 벌이며 그들의 전통과 정체성을 유지해 왔다.

음베라는 용어는 단순히 악기만을 지칭하는 것이 아니라 악기, 연주자, 음베를 사용하여 구현하는 음악, 문학적 서사시를 모두 지칭한다.

미술

팡족의 조형예술 작품은 나무, 철, 활석으로 만들어졌으며 전통 아프리카 미술 분야에서 유명하다. 전통적으로 조각상, 유물함, 가면 등이 유명하다.

팡족의 조각상
© 위키피디아

팡족의 가면
© 위키피디아

4개의 얼굴을 가진 팡족의 가면
© 위키피디아

푸누족(Punu-Eshira/Vili)

푸누족은 주로 가봉 남부와 콩고공화국 북부에 주로 거주한다. 팡족이 북부 지역에서 가봉으로 이주한 것에 비해 푸누족은 남부 지역에서 이주한 민족이다. 팡족과 마찬가지로 18세기경에 가봉 남부로 이주한 것으로 추정되며, 많은 씨족들을 가지고 있어 푸누-시라, 푸누-에시라, 푸누-에시라-빌리 등으로 묶어서 부르기도 한다. 가봉 인구의 25%를 조금 넘는 비중을 차지하며, 팡족에 이어 가봉에서 두 번째로 큰 민족이다.

푸누족의 조형예술은 무쿠지(Mukudji) 라고 불리는 흰색 가면이 유명하다. 여성의 얼굴을 형상화한 이 가면들은 장례식에서 죽은 자의 세계에서 산 자의 세계로 돌아온 저승의 영혼을 불러내는 역할을 한다고 믿어졌다. 현대에는 장례 도구로서의 의미는 퇴색되었고 전통 공연의 도구로 받아들여지고 있다.

| 푸누족의 무쿠지 가면
© 위키피디아 | 푸누족의 무쿠지 가면
© 위키피디아 |

은제비족(Nzebis)

은제비족은 19세기 이전부터 샤이유 산맥을 중심으로 가봉과 콩고공화국에 걸쳐 거주하는 민족이다. 구전에 따르면 은제비족은 18세기 중반 동쪽에서 가봉으로 진출한 것으로 보인다. 사냥과 농업을 주업으로 생활했는데, 부족 구성원들 간에 평등하면서도 강한 연대감을 가지고 있는 것으로 특징지어진다.

은제비족은 19세기 이전부터 철광석을 채굴하고 가공하는 방법을 알고 있었던 것으로 알려져 있다. 그들이 거주하던 샤이유 산맥은 광물이 풍부했으며, 특히 철광석으로 유명했다. 채취한 철광석을 땅을 얕게 파서 만든 도가니에 목탄과 번갈아 쌓아서 녹여 철을 생산했다. 1920년대 프랑스의 제철 기술이 도입된 이후에는 은제비족의 야금술은 중단되었다.

뚜렷한 주거 문화를 남기지 않았는데 그것은 이주 생활을 하는 생활 문화 때문이었다. 은제비족은 한 지역에 자리잡고 경작을 하고 나면 다른 지역으로 이주하는 식으로 20세기 초까지 이주 생활을 했다. 이주 문화를 기본으로 하기에 장거리 무역에 두각을 나타내기도 했다.

테케족(Tékés-Mbédés)

테케족은 현재 콩고-브라자빌 내륙에 살고 있던 피그미족의 후예로 여겨지고 있다. 바테케족(Batéké)이라고도 불리우는데, 접두사 ba는 복수형을 나타낸다. 가봉에 거주하는 테케족은 전체 테케족의 구성으로 볼 때 소수이며, 대부분 콩고공화국에 거주하고 있다. 주로 동부의 바테케고원 지대에 많이 거주했으며, 바테케고원이라는 지명도 이들의 이름을 따서 붙인 것이다. 반투어족 언어인 테케어를 사용한다.

테케족은 가봉의 소수 민족이지만 가봉 현대사에서 55년 동안 권력을 가지고 있던 오마르 봉고 대통령과 그의 아들 알리 봉고 대통령이 테케족이었기 때문에 정치적으로 큰 비중을 차지해 왔다.

금속 예술

테케족이 거주하던 바테케고원 지역은 광물이 풍부하고 특히 철광석이 많이 매장되어 있어 야금술이 발달했다. 테케족의 씨족인 차이족(Tsayi)과 랄리족(Ilaali)은 단괴 형태의 철을 생산하여 주변 수백 킬로미터에까지 판매했다. 테케족의 금속 예술품은 식민지화 이전부터 높은 수준을 자랑했으며, 그들의 문화와 사회에 직접적으로 연관되어 있다.

유럽과의 접촉 이후 황동 장신구 같은 것들은 서양 물품의 영향을 많이 받았다. 철제 무기 등은 대개 실사용의 목적이라기보다는 전시용으로 제작되었다.

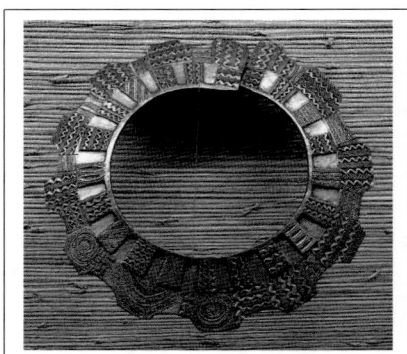

테케족의 황동 목장식
© 위키피디아

테케족의 곡선형 칼
© 위키피디아

키두무(Kidoumou) 마스크

키두무 마스크는 테케족의 씨족인 차이족(Tsayi)이 최초로 만든 가면이다. 19세기 중반부터 제작된 것으로 추정되는 이 가면은 기존의 아프리카 가면들과 전혀 다른 디자인과 색상으로 유명해졌다. 평면의 나무판에 채색하여 제작하는 이 가면은 대개 완만한 정사각형의 형태를 기본으로 하나 수많은 변형들이 생겨났다. 다른 아프리카 가면들과는 달리 추상적 방식으로 얼굴을 표현하는 방식과 화려한 색상은 많은 서구의 현대미술가들을 매료시켰다. 처음에는 무용 공연용 소품으로 제작되었던 이 마스크는 20세기 들어와 많은 변형과 복제품이 만들어지면서 아프리카 미술을 대표하는 아이템 중의 하나로 자리잡게 되었다.

테케족의 키두무 마스크
© 위키피디아

음퐁웨족(Mpongwe)

음퐁웨족은 미에네족의 하위 집단이다. 현재 리브르빌이 위치한 코모강 하구 주변에 가장 먼저 오래된 정착한 원주민이다. 15세기에 최초의 포르투갈 선원들이 가봉 강어귀에 도착했을 때 이미 그곳에 정착해 있었다. 가봉 내에서는 소수 민족이지만 역사적으로 유럽인이 최초로 접촉한 원주민이었기 때문에 오랫동안 가봉을 대표하는 민족으로 알려져 왔다. 유럽인들의 진출 이후 수백 년 동안 유럽 상인들과 내륙 부족 사이의 상업적 중개자 역할을 하며 부를 축적했다. 중개인으로서 자신들의 이익을 극대화하기 위해 유럽인들에게 다른 가봉 부족들에 대한 부정적인 정보를 제공하여 직접 접촉하는 것을 막았고, 이후에는 중앙아프리카 해안을 따라 광범위한 연안 무역을 했다.

1839년 2월 프랑스와 최초의 보호조약을 체결한 것도 음퐁웨족이었다. 프랑스는 이 조약 이후로 가봉의 식민지 점령에 주도권을 가지게 된다. 각 씨족은 유럽인들이 '왕'으로 번역한 오가(oga)의 지배를 받았지만, 씨족 지도부는 대체로 과두 정치였다. 팡족의 이주로 인해 20세기 초 많은 음퐁웨족이 도시로 생활 터전을 옮겼고, 프랑스 식민지와 독립 가봉 모두에서 지도자 역할을 했다.

수 세기 동안 유럽인과 접촉한 결과, 유럽 남성과 음퐁웨 여성의 혼혈인 메티스(Métis)가 인구의 상당한 비중을 차지하게 된다. 이 시기에 많은 음퐁웨 가정에 메티스들이 있었고,

음퐁웨 가족은 심지어 딸이 유럽 남성과 결합하도록 장려하기도 했다. 이러한 결합은 프랑스에서는 합법적인 결혼으로 간주되지 않았지만, 음퐁웨 커뮤니티에서는 가족의 동의와 남성이 지참금을 재공하면 합법이었다. 이러한 인종 간 결합이 20세기에도 계속되면서, 음퐁웨의 메티스 여성들은 아프리카와 프랑스 사회에서 자신의 목소리를 주장하는 수단으로 유럽 혈통을 내세웠다. 메티스는 아프리카 공동체 내의 여권 신장을 위해 노력했고, 식민지 통치하에서 사회적, 법적 지위 향상을 위해 투쟁했다.

바코타족(Bakotas, Kotas)

바코타족 (또는 코타족)은 가봉과 콩고 북동부 지역에 거주하는 반투어족이다. 이웃하고 있는 팡족과 많은 특성을 공유하고 있다. 사회구성체의 차이에 따라 두 개의 집단으로 구분할 수 있는데, 북부의 바코타족은 부계 혈통을 따르고 남부의 바코타족은 모계 혈통을 따른다. 전통적으로 가부장적 사회였지만, 일부 하위 집단은 시간이 흐르면서 모계 혈통 제도를 채택했다. 부족들은 엄격한 족외혼을 한다. 마을 차원을 넘어서면 대부족과 소부족으로 나뉜다. 현재 바코타족 대부분은 로마 가톨릭 신자이다.

정치적으로 '무국적 사회'의 경향이 강하다. 경우에 따라 연령과 성별의 경계를 넘어서는 강한 평등주의적 사상을 가지고 있다. 코타족 아이들은 전통과 노인 공경, 그리고 '자부심'의 개념을 소중히 여기도록 교육받는다.

총인구 45,000명 정도로 추산되는 소수 민족이지만 음불루 은굴루(mbulu ngulu)라 불리는 유물 수호 조각으로 유명하다. 18세기와 19세기에 선교사와 식민지 관리들에 의해 수집되기 시작한 이 조각상들은 유럽과 북미의 많은 박물관으로 전파되어 아프리카를 대표하는 조형예술로 소개되고 있다.

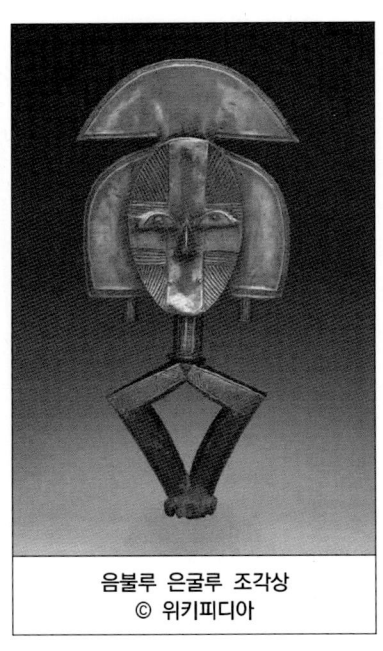

음불루 은굴루 조각상
© 위키피디아

제2장 선사 시대

지금의 가봉 지역에 인간이 본격적으로 거주하기 시작한 것은 약 7만 년 전 구석기 시대 때부터인 것으로 추정된다. 이 시기의 가봉 지역은 몇천 년 또는 몇만 년 단위로 긴 우기와 건기의 기간을 거치면서 극심한 기후변화를 겪다가 대략 1만 년 전부터 온난화 단계가 시작되었다. 우기에 숲이 확장되고, 풍부한 강우량으로 인해 강의 퇴적물이 쌓이고 호수의 수위가 상승하여 풍부한 식물종들이 번성하게 되고 동물군도 많아지게 되었다. 건기에는 강수량이 부족하여 숲의 면적이 축소되었고, 호수의 수위가 낮아진 대부분의 지역은 광활한 사바나로 변하게 되었다. 당시 매우 활발했던 풍식작용으로 인해 해안의 넓게 노출된 해변에 모래 언덕이 형성되기도 하였다.

선사 시대에 최초로 가봉 지역에 거주하였던 인류에 대해서는 명확한 기록이 없다. 그러나 20세기 들어서 다량 발굴된 석기 시대의 유물들은 이 시기에 인간이 거주했음을 보여주고 있다. 다른 지역과는 달리 가봉에서는 인간이 동굴에서 거주한 흔적이 발견되지 않는데, 아마도 온화한 기후 덕에 동굴 생활이 필요하지 않았기 때문일 것으로 추정된다.

선사 시대 유적들은 주로 물가나 해안가, 그리고 개간지와 해안 모래 언덕에서 발견된다. 주거지 자체는 나뭇가지와 잎으로 만든 작은 오두막으로 이루어졌다. 이 당시의 거주인들은 물가에서 낚시를 하였고, 돌을 이용하여 도구를 만들기도 했다. 최초에는 원시 상태의 돌을 그대로 사용했지만, 이후 다양한 용도로 사용하기 위해 돌을 잘라서 사용했다. 이 도구들은 수천 년을 거쳐 절단 기술의 향상과 함께 더욱 정교해졌으며, 기원전 10,000년경에는 칼날, 도끼, 화살촉과 같은 작은 도구의 사용이 일반화되었다.

은졸레(오고웨강 인근) 지역에서 출토된 선사 시대 석기
© Civilisations préhistoriques au Gabon

가봉의 신석기 시대 유물 © 가봉 예술과 전통 박물관

또한 이 시기에 토기 제작도 활발히 이루어졌다. 기원전

5,000년경부터 제작되기 시작했을 것으로 추정되는 이 토기들은 가봉 전역에서 발견되며, 기원전 1,500년경에 오고웨 계곡 지역에서 대량으로 제작되었다. 코일 형태의 점토를 감아서 형태를 만들고, 손이나 도구를 사용하여 외부를 매끄럽게 가공한 뒤 뾰족한 물건을 사용하여 다양한 문양을 새겨 장식하였다. 마지막으로 장작더미에서 불을 피워 토기를 구워서 완성하는 과정을 거쳤는데, 이는 이 시기의 신석기인들이 이미 불을 완벽하게 제어하면서 사용했음을 보여준다.

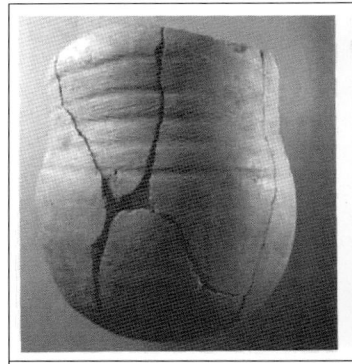

신석기 시대의 토기 기원전 5세기 © 가봉 예술과 전통 박물관

고고학자들은 가봉 지역 전역에서 발견되는 도구의 양을 고려할 때 가봉 지역에 상당히 많은 선사 시대 인구가 있었을 것으로 추정하고 있다. 이들은 사바나 지역, 해안가, 모래 언덕과 같은 특정 지역에 주로 거주했는데, 그 이유는 아마도 그곳의 기후가 생활하기에 유리했고 무엇보다 석기 제작에 필요한

원자재가 풍부했기 때문이었을 것이다. 주된 집단 거주지로 추정되는 오고웨 중앙 계곡은 석영암이 풍부한 지역이었고, 그 외의 거주 지역에서는 검은 벽옥이 발견되었다. 이들은 도구를 이용하여 주로 수렵과 채집으로 생활하였고, 풍부한 자연 자원 덕에 빠르게 인구가 성장하였을 것으로 여겨진다.

수천 년 동안 계속된 인구 성장의 결과 다양한 집단이 형성되게 되었고, 이들은 일정한 자신들의 영토를 차지하면서 생활하게 된다. 같은 조상으로부터 내려온 수십 명의 인원으로 일족을 형성한 각 집단은 연장자가 리더의 역할을 했고 일상생활은 사회적 평등 속에서 원시 공동체를 이루면서 생활하였다. 선사 시대의 가봉 지역의 인류는 주변 환경과의 관계와 자연을 지배하려는 노력을 통하여 지적 능력을 성장시켰고, 이를 활용해 집단을 조직하는 방법을 알고 있었을 것으로 보인다.

1. 반투족의 이주

기원전 8세기 이전 가봉 지역에 주로 거주하던 토착민들은 피그미족이었다. 이들이 선사 시대 거

주인들의 직접적인 후손인지는 명확하지는 않다. 그러나 생활 문화나 역사적 논리성으로 보아 선사인들의 후예일 가능성이 높아 보인다. 북부 지역에는 주로 바카족(Baka)이 살고 있었고, 남부 지역에는 봉고족(Bongo)이 주로 거주하고 있었다. 기원전 8세기경부터 동쪽에서 반투족(Bantu)이 대규모로 이주해 와서 이 지역에 정착

피그미족 © 위키커먼스

하게 된다. 이후 반투족은 피그미족을 밀어내고 가봉의 주된 인구 구성이 된다.

반투족의 조상인 원시 반투족은 한때 현재의 사하라 지역에 거주했던 것으로 전해진다. 이들은 기원전 3,000년 초부터 사하라 지역의 사막화가 심화되자, 나일강 계곡과 차드 분지 방향으로 대규모로 이주했다. 그 결과 차드호 주변 지역과 현재의 나이지리아 북동부, 카메룬 북부를 포함하는 지역에서 반투어를 사용하는 민족 집단이 형성되었다.

이 시기에 첨단 문명이었던 철기 문명을 가지고 있었던 반투족은 동쪽과 남쪽으로 이동을 계속했는데, 가봉의 경우, 반

투어를 사용하는 최초의 사람들이 도착한 것은 기원전 8세기 또는 그 이전으로 추정된다. 오툼비 산맥(Otoumbi), 칸고 (Kango), 오옘 지역(Oyem), 은구니예(Ngounié), 모안다 (Moanda) 등의 지역에서 발견된 기원전 5세기에서 4세기의 많은 야금 산업의 유적은 이 시기에 이미 현재의 가봉 지역 전체에 반투인들이 살고 있었음을 보여준다. 반투인들이 가봉 지역으로 진입한 경로는 다양했는데, 세케족(Sékè), 벵가족 (Benga), 팡족(Fang), 퀘엘레족(Kwélé), 켈레족(Kélè) 등은 카메룬-중앙아프리카 지역에 거주하다가 북쪽과 북동쪽에서 가봉 지역으로 들어왔고, 케테족(Tékés)과 바코타족(Bakotas) 같은 다른 민족들은 콩고 분지를 우회해서 동쪽과 남쪽으로 들어왔다. 이들 반투족들은 서로 강력한 문화적 유대감을 유지 했다.

기원전 8세기경에 이루어진 인구 구성의 대규모 변화는 가 봉의 민족 지도를 재편하는 결과를 낳았다. 그러나 이후 15세 기까지 가봉의 인구 이동은 거의 없거나 규모가 작았다. 그 결 과 이 기간 동안 가봉의 인구 분포는 상당 기간 안정을 유지했 다. 이후 해안과 강을 따라 상업 활동이 발전함에 따라 가봉 내륙 지역에 오랫동안 정착해 살았던 인구들이 주요 상업 중심 지를 향해 대규모 이주 단계를 밟게 된 것은 19세기에 이르러 서였다.

2. 사회의 형성

반투족의 이주 이후에 가봉에는 새로운 문명이 퍼지게 된다. 수렵을 하면서 유목 생활하던 피그미족과는 달리 반투족은 사바나 지역에서 수렵과 농경을 병행하던 집단이었다. 최초의 반투족은 정착민들이었던 피그미족들과 사회 구성면에서 크게 다르지 않았다. 하지만 농경을 바탕으로 하는 정착 생활을 도입하고 인구가 늘어나면서 점차로 사회 조직이 만들어지게 된다.

사회 집단은 기본적으로 같은 조상의 후손들로 구성된 혈연 공동체를 기반으로 하는 씨족으로 이루어졌다. 하나의 씨족은 혈통에 따라 세분되었는데, 그중 일부는 다양한 이유로 본류에서 떨어져 나가 다른 이름을 가진 집단을 형성했다. 그러나 그러한 경우라도 같은 씨족의 구성원들은 서로 연대감을 유지하는 경우가 많았다. 이는 한편으로는 그들이 속한 공동체의 원래 이름을 보존하고 있었기 때문이고, 다른 한편으로는 가계와 토템 덕분이었다. 영적 존재와의 연결을 상징하는 토템은 대개 해당 집단에 중요한 의미를 가진 동물이었다. 다른 집단으로 분화되더라도 기존의 토템을 그대로 유지하기 때문에, 공동의 토템을 통하여 서로의 연대감을 유지하게 된다.

정치적으로 고대 가봉의 국가들은 마을국가를 기반으로 조직되었다. 이들은 독립된 작은 정치 단위로, 각각 마을 공동체 자체와 주변 영토로 구성되었다. 마을국가는 하나 또는 그 이상의 씨족 구성원들로 구성되었는데, 구성원들은 자신들이 같은 운명으로 연결되어 있다는 것, 즉 운명공동체라는 것을 잘 알고 있었다. 마을은 대체로 언덕 위에 지어졌으며, 넓은 중앙 도로를 중심으로 양쪽에 오두막이 두 줄로 늘어서 있었고, 도로의 양 끝에는 마을의 경계초소가 있었다. 야간에는 마을 입구에 경보시스템이 설치되었는데, 길을 가로질러 놓인 나무 조각을 끈으로 근처에 숨겨진 종과 연결한 형태였다. 이 장치는 마을 끝에 있는 경계초소에서 밤새도록 감시하던 보초에게 경보를 보내는 용도로 사용되었다.

일반적으로 각 마을에는 주민 중 가장 연장자가 족장이 되었다. 족장이 2명인 이원 정치제 마을의 경우도 있었는데, 이는 같은 마을에 서로 다른 두 씨족의 구성원이 살았던 경우인 경우가 많다. 이는 마을의 수장과 씨족장의 기능이 긴밀하게 연결되어 있었음을 보여준다. 이원 정치의 경우 마을 행정은 두 지도자 사이에 긴밀한 협력하에 이루어졌다. 실제로 고대 가봉에서는 족장의 권위가 대가족의 범위를 넘어서지 않았다. 장로 회의의 도움을 받아 직무를 수행하는 족장은 절대 권력자는 아니었다. 족장들은 일상생활에서 마을의 구성원들과 크게 차이 나지 않는 생활을 했다. 다른 구성원들과 동일한 생활 조건을 가지고 있고 별다른 특권을 누리지 않았지만, 족장은 특별한 권위를 가지고 있었다. 이러한 족장의 권위는 기본적으로 오랜 세월을 통해 습득한 지혜에 대한 존중에서 기인한다. 그러나 가장 큰 이유는 족장은 일족이나 가족 집단의 조상들과 특권적으로 대화할 수 있는 존재로 여겨졌기 때문이다. 즉, 족장은 조상 숭배의 수장이었으며, 족장의 지휘 아래 일족이나 가족의 구성원들이 모여 조상 숭배의 의식을 치렀다. 가족과 씨족 결속력의 기반인 조상 숭배는 세상과 삶에 대한 매우 독창적인 개념을 반영하는 아프리카의 일반적인 신앙 체계의 일부이다.

3. 고대 가봉의 종교

고대 가봉인들은 전능한 존재, 즉 창조자의 존재를 믿었다. 부족의 언어가 달라도 그 존재를 대개 은잠비, 은자메, 은잠베 등의 유사한 이름으로 불렀는데 이는 같은 어근을 가진 단어에서 유래한 것으로 보인다.[2] 하지만 고대 가봉인들은 이 최고신에게 어떠한 예배도 드리지 않았는데, 그것은 창조신은 세상을 창조했지만, 그 이후로는 세상을 운명에 맡겨두었고, 그곳에서 일어나는 일에 더 이상 관여하지 않는다고 생각했기 때문이다. 반면에, 각 사람의 운명은 그 사람이 주변 환경, 즉 사회적 환경과 보이지 않는 영의 세계와 맺고 있는 관계의 성격에 더욱 밀접하게 달려있다고 여겼다.

고대 가봉인들에게는 악마나 지옥에 대한 개념이 없었다. 그

---

2) 은잠비Nzambi(아두마족Aduma), 은젬비Nzèmbi(제비족Dzèbi), 은자메 Nzame(팡족Fang), 은잠베Ndjambé(소고족Tsogo, 세케족Sékè, 벤가족 Benga), 은잠베Nzambé(코타족Kota), 은잠비예Nzambyè(켈레족Kélè), 안얌비예Anyambyè(응웸베네족Ngwèmyènè), 만얌베Manyambyè(에비아족 Evia)

러므로 기독교의 최후의 심판이나 천국과 같은 개념은 존재하지 않았다. 반면에 사후세계에 대한 강력한 믿음이 존재했는데 그것은 조상 숭배의 믿음이었다. 고대 가봉인들은 지상에서 일어나는 모든 일의 원인은 살아 있는 사람 또는 죽은 사람에게 있거나, 정령이나 요정에게 있다고 생각했다. 그중에서도 죽은 사람은 매우 강력한 존재로 여겨졌다. 그 이유는 죽은 사람의 영혼은 보이지 않는 세계에 머물지만, 그 세계는 살아있는 사람의 세계와 매우 가까운 곳에 있어서, 죽은 자의 영혼이 살아 있는 자들의 세계에 계속 개입한다고 생각했기 때문이다. 고대 가봉인들은 죽은 사람들이 살아있는 사람들과 어울려 자신들의 운명에 영향을 미친다고 확신했다. 죽은 자들은 살아있는 자들 중 동료에게 나쁘게 행동한 사람을 처벌하고, 좋은 행동을 한 사람에게 보상을 준다. 무엇보다 중요한 것은 죽은 조상들이 가족이나 일족의 모든 구성원을 감시하면서, 산자의 세계나 죽은 자의 세계에서 오는 모든 위협으로부터 보호해 준다고 생각했다. 이러한 사후세계에 대한 관념은 고대 가봉의 모든 민족에게 조상 숭배가 중요했던 이유를 설명한다. 즉, 조상 숭배는 가족 및 일족의 살아있는 구성원과 죽은 구성원 사이의 연결을 보장하는 것이다. 이러한 조상 숭배를 통하여 고대 가봉인들 수 세기에 걸쳐 자신들의 통일성과 연대를 유지해 나갈 수 있었다.

고대 가봉인들에게 범죄자나 사회적 일탈자에게 가해지는 가장 큰 형벌은 씨족 집단에서 추방하는 것이었다. 집단에서 추방된 사람은 산자의 세계와 죽은 자의 세계와의 모든 관계를 잃는 것이기 때문이다. 가족이나 일족과 분리된 개인은 아무런 가치를 갖지 못하는 존재이기 때문에 씨족의 구성원들은 자신이 속한 집단의 규칙에 복종하고, 가족과 일족의 응집력을 강화하기 위해 노력했다. 자신이 속한 사회적 환경에 통합되고 가족과 동료들과 단결했을 때 행복을 느끼게 된다는 이러한 범아프리카적 사상은 아프리카의 전통 종교 체계가 고대 사회의 응집력에 필수적인 요소 중 하나라는 것을 보여준다.

4. 고대 가봉의 경제 활동

가봉 지역의 최초 원주민이었던 피그미족은 수렵과 채집으로 생계를 유지해 왔다. 그러나 새로 이주한 반투족은 이에 더해 농업이라는 새로운 경제 활동을 정착시켰다. 농업은 신석기 시대에 사바나 지역에서부터 시작되었다. 사바나 지역에서 철기 문명을 가지고 농업 활동을 해왔던 반투족은 적도 지역인 가봉으로 이주해서도 새로운 환경에 맞는 농업 활동을 지속했고, 작물 재배를 통한 재화의 증대라는 경제 활동은 곧 가봉 전역으로 전파되게 된다.

삼림이 울창한 적도 지역이라는 특성 때문에 농업은 주로 화전 농업으로 이루어졌다. 건기 동안 벌채한 공터에 막대나 철기로 만든 날을 나무 손잡이에 고정한 농기구를 이용해 농경지로 개간하였다. 주요 작물은 바나나, 카사바, 얌, 옥수수, 감자, 땅콩, 사탕수수, 그리고 다양한 녹색 채소였다. 재배되는 종은 산림 환경에 잘 적응하는 다양한 작물로 이루어져 있었고, 고온 다습한 적도 지역의 특성에 따라 농업은 거의 일 년 내내 이루어졌다. 남성들은 삼림을 벌채하여 농경지를 확보하는 일 외에는 주로 수렵과 채집에 종사하였고, 확보된 농토를 개간하고 농사를 짓는 것은 여성들의 몫이었다.

남성들은 산림벌채, 주거지 건설 외에 주로 사냥에 종사했다. 드물게 닭, 수탉, 오리 등의 소규모 가금류와 양, 염소를 사육하여 식량으로 활용하기도 하였지만, 이 시기의 주된 육류 조달 방법은 수렵이었다. 가봉 지역에서 출토된 사냥도구들은 이 시기의 가봉인들이 다양한 사냥 방식을 사용했음을 보여준다.

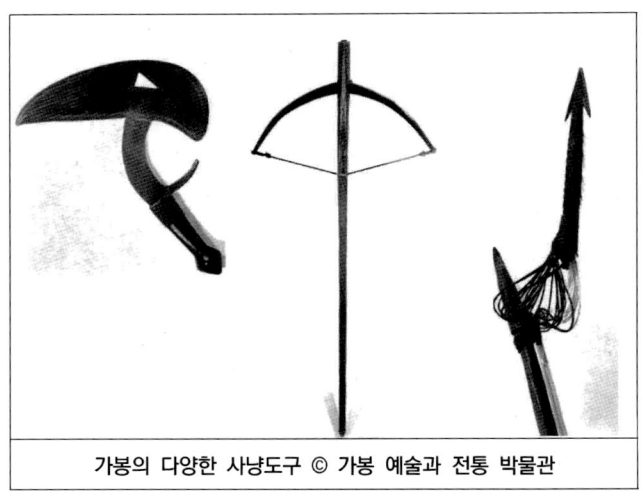

가봉의 다양한 사냥도구 © 가봉 예술과 전통 박물관

사냥해서 얻은 동물은 도살되어 육류로 소비되었고, 도살한 동물의 특정 부위는 다양한 물건을 만드는 데 사용되었다. 코끼리의 가죽은 방패와 샌들의 재료가 되었고, 새 깃털은 깃털 장식을 만드는 데 사용되었다. 원숭이, 사향고양이, 표범 가죽은 의류의 재료가 되었고, 영양의 가죽은 북의 재료로 사용되었다. 그 외에도 야생 동물의 이빨은 화려한 목걸이와 팔찌를 장식하는 데 사용되었다.

낚시도 중요한 경제 활동 중의 하나였다. 대부분의 강변 지역에서 물고기 사냥의 흔적이 발견되는데, 오고웨 중부 계곡의 엘라르메코라 바위에 새겨진 암각화들에는 물고기의 그림이 등장한다. 이를 보면 고대 가봉인들이 2,000년 전부터 물고기를 잡아 왔다는 것을 알 수 있다. 처음에는 창을 이용하여 큰 물고기를 잡는 방식이었지만 점차 다양한 낚시 기법이 사용되게 된다.

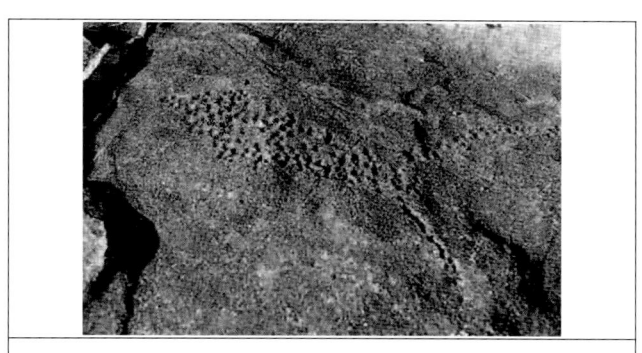

오고웨 계곡의 물고기 암각화 ⓒ 위키커먼스

제4장 유럽의 진출

15세기 이전에 유럽 또는 중동인들이 아프리카 서부 해안을 거쳐 간 것은 흔하지는 않지만, 전혀 없었던 일은 아니었다. 기록상으로 보면 기원전 6세기 초 페니키아 선원들이 이집트 파라오 네카우 2세(609-593)의 명령으로 아프리카 해안을 일주하는 항해를 수행한 이래로 12세기까지 몇몇 기록들이 남아 있다. 그러나 이때의 항해를 본격적인 유럽과 아프리카의 만남이라고 보기는 어렵다. 유럽인들에게 본격적인 아프리카의 발견과 접촉은 대항해 시대라 불리는 15세기 후반의 포르투갈의 진출에 의해서 시작되었다.

1. 포르투갈의 아프리카 진출

아프리카 서부 해안의 발견은 15세기부터 16세기까지의 유럽인들의 아프리카, 아메리카, 아시아로 진출한 대항해 시대의 결과였다. 초기에 유럽인들에게 있어서 해외로의 진출은 두 가지 목적에 의해 시도되었다. 첫째는 당시에 이슬람 세력이 중동 지역에서 향신료 무역을 통제하고 있었기 때문에 이들을 우회하여 인도까지 직접 연결되는 해상 루트를 개척할 필요가 있었다. 다른 한편으로는 전설 속의 '프레스티 제인'(아마르어 '잔'의 변형)이라는 에티오피아의 기독교 왕국을 통치하는 군주를 찾아가는 것이었다. 유럽인들은 이 왕국과 동맹을 맺으면 이슬람 세력을 앞뒤에서 협공하는 것이 가능할 것이라 생각했다.

14세기에 개발된 새로운 유형의 선박인 카라벨과 나침반, 아스트롤라베 등의 새로운 항해 도구들의 발명은 장거리 항해를 가능하게 했으며, 유럽에 화약이 보급되면서 개발된 총포 등의 화약 무기들의 개발은 여행의 안전을 보장하게 되었다. 포르투갈은 이러한 기술적 진보의 혜택을 가장 먼저 누린 국가 중 하나였으며, 그 결과 해외 탐험에 선도적으로 나서게 된다.

포르투갈의 아프리카 해안 탐험은 1415년 8월 세우타(Ceuta) 점령으로 시작되었다. 세우타 점령에 참전하여 공을 세운 포르투갈 요한 1세 왕의 세 번째 아들인 '항해왕 엔리케'로 알려진 돈 엔리케는 1418년 학자들을 모아 아프리카 해안으로의 탐험을 조직하고 발족시켰다. 이때부터 포르투갈은 15세기 아프리카 탐험에서 선두를 차지하게 된다.

| 세우타
© 아프리카연구소 | 1415년 포르투갈의 세우타 점령
© 위키피디아 |

이후 1425년 주앙 곤살베스 자르코(João Gonçalves Zarco)와 트리스타오 바스 테세이라(Tristao Vaz Teixeira)

가 마데이라 섬(île de Madère)에 도착했고, 1434년 길 에아네즈(Gil Eannez)는 그때까지 유럽인들에게 세상의 끝이라 믿어지고 있던 보자도르(Bojador) 곶을 넘어갔다.

마데이라 섬과 보자도르 곶 © 아프리카연구소

1441년, 누노 트리스타오(Nuno Tristao)와 안타오 곤살베스(Antao Gonçalves)는 리우 데 오루에 도착해 캠프에서 발견된 베르베르 유목민 약 10명을 포로로 잡았고, 1445년, 디니즈 디아즈(Diniz Diaz)는 카보베르테(Cap Vert)를 방문하고 세네갈강 입구에 진입했으며, 카다모스토(Cadamosto)는 1455년에 이 강을 거슬러 올라갔다.

1469년, 리스본의 부유한 시민 페르낭 고메즈(Fernão Gomez)는 1474년까지 기니 무역의 독점권을 획득했으며 그의 주도하에 탐험은 급속히 진전되었다. 1470년과 1471년, 그의 두 선장인 주앙 데 산타라임(João de Santarém)과 페드로 에스코바르(Pedro Escobar)는 골드 코스트, 니제르강 삼각주, 베냉 제국을 발견했다. 그들은 남쪽으로 항해를 계속해 1471년 12월 21일 상토메 섬(São Tome)에 도착했으며, 1472년에는 프린시페 섬(Principe)에 도달했다. 그들은 지금의 코모강(Komo) 입구를 발견하고 이 강을 코트의 깃처럼 생겼다해서 '리오 가바옹'(Rio Gabão)이라고 명명했다. 가봉이라는 현재의 명칭은 여기서 유래했다.

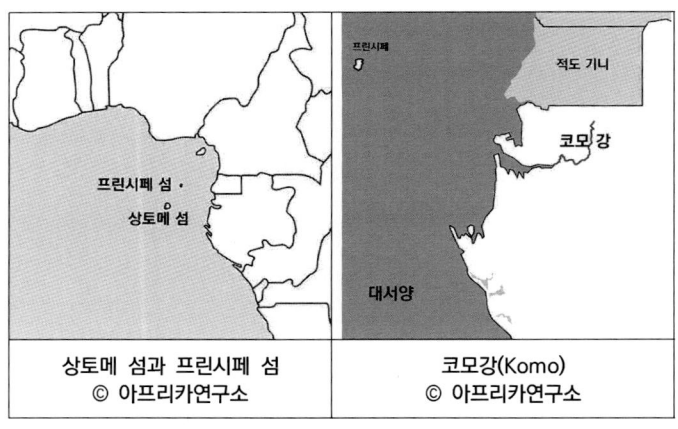

| 상토메 섬과 프린시페 섬 ⓒ 아프리카연구소 | 코모강(Komo) ⓒ 아프리카연구소 |

1473~1474년, 로페즈 곤살베스(Lopes Gonçalves)는 가봉 해안 탐험을 계속하다 발견한 곳을 자신의 이름을 붙여 로페즈 곶이라 명명했고, 페르낭 바즈(Fernan Vaz)는 엘리바 은콤미(Eliva Nkomi)로 알려진 지역으로 진출해 이 지역의 석호에 자신의 이름을 붙였다. 1475년, 루이 데 세키에라(Ruy de Sequeira)는 성 카타리나 곶(Pointe Sainte-Catherine)

에 도착했다. 그 후, 디에고 카웅(Diego Cão)은 가봉 해안의 남쪽 나머지 지역을 탐사했으며, 그의 일행은 1483년 콩고강 입구를 지나 더욱 남쪽으로 나아갔다.

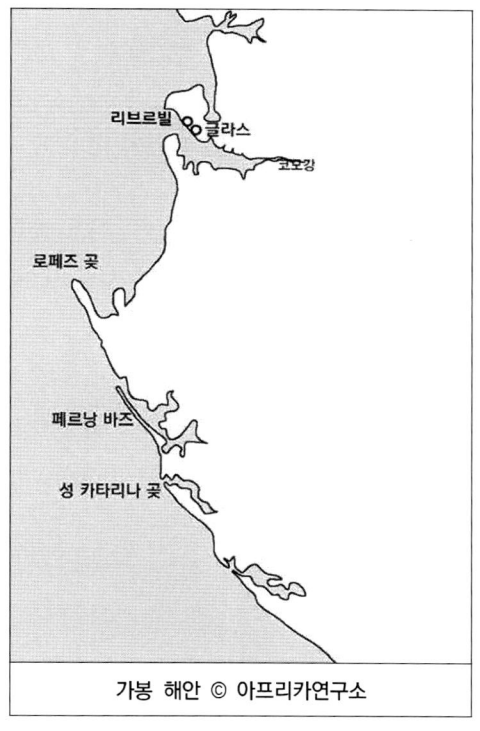

가봉 해안 © 아프리카연구소

　프랑스의 가봉 지역 진출은 비교적 늦은 16세기 초에 이루어졌다. 최초의 프랑스 상선이 코모강 하구에 도착한 것은 1515년이었다.

2. 노예무역과 상업 경제의 발전

 포르투갈의 탐험은 다른 유럽 국가들의 아프리카 진출의 문을 열게 된다. 16세기 초부터 영국인, 프랑스인, 네덜란드인, 스페인인들이 서아프리카 해안을 정기적으로 방문해 원주민들과 상업 거래를 시작했다. 이 시기에 포르투갈은 19세기 초까지 상토메 섬에 정착지를 설립한 덕분에 항상 우위를 유지했다. 상토메는 발견 직후 사형수들로 채워졌으며, 1492년 이후에는 스페인에서 추방된 유대인의 후손들이 정착했다. 1493년 유럽 식민자들은 사탕수수 재배 플랜테이션을 유지하기 위해 노예제를 도입했다. 그러자 처음에는 근처를 통과하는 선박들의 휴게소로 기능하던 상토메는 곧 대규모 노예 창고로 변모했으며, 많은 포르투갈 상인들이 정착하게 되었다. 이들은 작은 배를 타고 상토메에서 코모 강 하구 또는 로페즈 곶으로 이동해서 원주민들과 물물교환을 했는데, 주로 유럽산 잡화품들을 노예, 상아, 왁스, 꿀, 팜유 등과 교환했다.
 시간이 지나면서 포르투갈인들은 서아프리카 해안 곳곳에 '바라콘'이라는 이름의 노예 창고를 세웠다. 이 중 일부는 직접 관리하기도 하였으나 이는 일반적인 경우는 아니었다. 일반적으로 유럽의 선장들은 육지에 정착지를 두지 않고 선상에서 거래하는 것을 선호했다. 거래 방식은 일종의 신용거래였다. 선박이 마을 앞바다에 정박하면 원주민들이 선상에 올라 상품을 본 뒤 가격을 논의하고 선장은 원주민들에게 상품의 일부를 제공한다. 그 후 무역선은 몇 명의 인질과 함께 아프리카 해안의 다른 지역으로 가서 무역을 한 뒤, 두세 달 후에 돌아오면 원주민들이 그동안 물품과 노예를 조달해서 최종적인 거래가 이루어지는 식이었다.

해안의 원주민들이나 중개인은 유럽인들이 원하는 상품을 충분히 보유하고 있지 않았기 때문에, 내륙 깊숙이 위치한 이웃 부족들로부터 물자를 조달하기 위해 원정을 갔다. 이웃 부족에 도착하면, 그들은 현지 중개인들에게 유럽산 상품을 분배하고 요청받은 물품이나 노예의 조달을 위탁했다. 이 중개인들은 다시 자신의 이웃 마을에 거주하는 중개인들에게 동일한 방식으로 상품을 분배했다. 이처럼 해안에서 내륙의 가장 먼 지역까지, 주요 교통로인 강을 따라 중간 상인들의 네트워크가 형성되었는데, 이 네트워크의 경계는 영역별로 엄격하게 관리되었다. 이는 각 부족이 해당 지역에서의 무역을 독점했기 때문이다.

이 중개 시스템에서 가장 큰 이익을 얻은 이들은 해안 지역 부족민들이었다. 그들은 유럽 상인들이 노예 한 명에게 지급한 금액으로, 내륙에 사는 가까운 부족들로부터 보통 두 명의 노예를 구매했다. 따라서 그들은 유럽 상인들이 내륙 부족들과 직접 접촉하지 못하도록 막음으로써, 이 특권적 지위를 유지하려 했다. 그들은 유럽인들에게 내륙 부족들을 될 수 있는 한 부정적으로 묘사했고, 내륙 부족들에게도 유럽인들을 마찬가지로 부정적으로 묘사했다. 이러한 원인도 있었지만, 유럽인들은 19세기 후반까지 아프리카 내륙 지역으로 직접 진출하지는 않았다. 그것은 안전 문제도 있었지만, 무엇보다 그때까지 해안 지역에서 필요한 물자를 공급받는 데 어려움이 없었기 때문이다. 그리고 무역선의 선장들은 아프리카 풍토병에 대한 두려움과 제한된 식량 문제 등으로 아프리카 해안에 머무는 시간을 최소화하려 했다. 그 결과 해안의 부족들은 오랫동안 지역 시장을 지배할 수 있었다. 그들은 공급을 조절하고 가격을 더욱 쉽게 결정할 수 있었다.

3. 유럽의 영향과 문화적 동화

15세기 후반부터 서아프리카의 해안 부족들과 유럽인 사이에 진행된 상업 거래는 가봉 지역의 교역을 활성화시켰다. 그리고 이러한 상업 활동의 순기능으로 인해 초기에는 직물, 철제 제품, 소금 생산 등 국내 수공예 생산이 일정 부분 활성화되었다. 그러나 오래지 않아 이러한 국내 수공예 생산활동은 쇠퇴하기 시작했는데, 그 이유는 노예무역의 파괴적 영향과 유럽 제품의 유입 때문이었다.

노예무역은 가봉 지역 전체 부족들에게 불안정한 분위기를 조성했으며, 점차 인적 자원을 고갈시켜 모든 경제적 활동에 필요한 노동력을 부족하게 만들었다. 가봉 지역에서 18세기 동안만 12만 명에서 16만 명의 사람들이 납치되었는데, 여기에 노예 포획을 위한 전투 중 사망한 인원과 내륙에서 해안가로의 이동 중 사망한 인원을 고려하면 이 기간의 인적 손실은 엄청난 것이었다. 이로 인해 지역 수공예 기술의 발전이 불가능했고, 그 결과 가봉 지역의 기술 수준은 고대 시대까지 보여준 창의적 재능을 상실하고 15세기 수준에서 정체되었다.

유럽 상품의 대규모 유입은 현지 산업이 질적 양적 측면 모두에서 경쟁력을 잃게 만들었다. 현지 주민들은 전통 공예품을 포기하고 유럽에서 수입된 대체품으로 점점 더 의존하게 되었으며, 이는 가봉이 경제적으로 서구에 점차 의존하게 되는 결과를 초래했다. 원주민들은 점차 자신들의 전통 직물이 아닌 유럽산 면직물을 입기 시작했는데, 유럽산 제품들은 매우 조악한 품질이었지만 화려한 무늬 때문에 인기를 끌었다. 이러한 복장 습관의 변화는 가봉 원주민들이 유럽의 가치관과 접촉하면서 변화한 사고방식과 가치관의 변화를 보여준다. 즉, 전 식민지 단계의 가봉 지역 사회에서 실용적인 것보다 장식적이며 심지어 무의미한 것이 우위를 차지하기 시작했다는 것은 개인이 사회의 다른 구성원들과 차별화하려는 욕구의 표현이라 볼 수 있다. 이러한 개인적 욕구의 두각은 상업화의 경험에 의한 사유재산의 개념 형성과 이윤 추구의 정신을 부각하게 되었고, 이는 곧 옛 사회에서 지배적이었던 공유와 연대의 정신을 부정하는 현상으로 이어졌다.

이렇듯 15세기부터 19세기까지 가봉 지역 사회에서는 새로운 가치 체계로의 점진적인 변화가 시작되었으며, 전통적 가치 체계는 유럽에서 지배적이었던 가치 체계로 대체되기 시작했다.

유럽산 제조품의 유입으로 인한 지역 산업의 쇠퇴 외에도, 서양과의 지속적인 관계 수립과 가봉에서 동시에 진행된 시장 경제의 발전은 지역 사회의 사고방식과 사회 구조에 서서히 근본적인 변화를 불러왔다. 실제로 서양의 사치와 이익 추구의 풍습이 현지 주민들의 생활 방식에 스며들기 시작했으며, 이는 동시에 개인주의 정신의 확산을 초래했다. 이 개인주의 정신은 점차 평등주의적이고 공동체 중심의 고대 공동체의 기반을 붕괴시켰으며, 동시에 국가의 정치적 지도가 재편되는 과정을 촉진했다.

제5장 식민지 지배 시기

15세기 말부터 19세기 초까지, 현재 가봉을 구성하는 지역 주민들의 유럽인들과의 관계는 주로 상업적 교류에 국한되었다. 그러나 시간이 갈수록 서양에 대한 경제적 의존도가 점점 심화되는 것을 막을 수 없었다. 유럽에서 산업 발전이 일어나면서 유럽의 강대국들은 원료 공급원과 제조 상품의 수출 시장으로서 식민지를 만드는 제국주의의 길로 접어들었다. 가봉은 1839년부터 프랑스의 식민지가 되었고, 이 피식민지 상태는 1960년까지 121년간 지속되었다. 이 과정은 세 단계로 특징지어질 수 있는데, 그것은 1839년부터 1920년까지는 식민지 정권 수립과 원주민의 격렬한 저항으로 특징지어지는 정복기, 1920년부터 1940년까지의 원주민의 무장 저항이 약화되면서 식민 지배자들의 경제적 착취가 고조된 암흑기, 1940년부터 1960년까지 제2차 세계대전으로 인한 혼란과 가봉 내에서의 투쟁이 고조되면서 프랑스로부터 독립을 쟁취한 독립 투쟁기로 나누어 볼 수 있다.

1. 프랑스의 가봉 식민화

초기에는 코모강 하구에 한정되었던 프랑스의 지배는 1850년 이후 탐험이 활발해지면서, 일부 현지 지도자들과 체결된 점령 조약 및 점진적인 지역 조직화를 통해 현재의 가봉 전역으로 점차 확대되었다. 그러나 원주민들의 저항이 강화되면서 지배는 불안정했으며, 제1차 세계대전 이후까지도 안정되지 못했다.

프랑스와 가봉의 최초의 보호조약은 1839년에 이루어졌다. 1839년, 중앙아프리카 해안에 군함의 기항지를 찾던 프랑스는 가봉에 정착의 기반을 마련했다. 1839년 2월 9일, 프랑스의 제독 부에-윌로메즈(Bouët-Willaumez)는 '데니스 왕'이라 불리던 음퐁웨족(Mpongwè)의 수장 안추웨 코웨 라폰티옴보(Antchuwè Kowè Rapontyombo)와 보호조약을 체결했다. 이 조약에 따라 프랑스는 코모강 하구 동쪽 강변의 길이 약 12km의 땅을 완전 소유권으로 획득했다.

| 안추웨 코웨 라폰티옴보와 그의 부인 © 위키커먼스 | 부에-윌로메즈 © 위키커먼스 |

안추웨 코웨 라폰티옴보는 당시 유럽 여러 나라 상인들과 활발히 교류한 인물이었다. 그는 유럽 상인 중에서도 프랑스 상인들을 특히 선호했다. 그는 동료 지도자들에게 프랑스의 입장을 지지하기 위해 많은 노력을 기울이기도 했다.

데니스 왕과 부에-윌로메즈 보호 조약

제1조.

데니스 국왕은 푸앵트 샌디(la pointe Sandy)에서 시작하여 국왕의 마을을 향하고 왼쪽 강둑 전체 너비에 걸쳐 2리그의 땅을 프랑스에 영구히 양도하는 데 동의한다. 그 대가로 아래에 명시된 조약의 상품을 제공한다.

- 각종 직물 20개
- 25파운드 화약 10통
- 단발총 20정
- 담배 2가방
- 브랜디 1통
- 흰색 모자 10개.

제2조.

프랑스는 적절하다고 판단되는 모든 건물, 요새 또는 주택을 그곳에 세운다.

제3조.

국왕은 프랑스와 공격 및 방어 동맹을 맺고, 프랑스는 그의 보호를 보장한다.

제4조.

본 조약이 프랑스에 의해 비준되는 즉시 점유가 이루어진다.

1839년 2월 9일

1839년 데니스 왕과 부에-윌로메즈 사이에 체결된 보호 조약

1842년 3월 18일, '루이 왕' 레-도우에(Ré-Dowè)가 프랑스와 조약을 맺었고, 이어 1843년 8월 27일 카카 라포노(Kaka Rapono) 또는 쿠아벤(Quaben)이, 1844년 3월 28일 '글라스 왕' 레-은다마(Ré-Ndama)가 차례로 조약을 체결했다. 1844년 4월 1일 일반 조약의 서명으로 프랑스는 코모강 하구 전역에 대한 권리를 확립하게 된다. 음퐁웨 부족의 두 지도자 '프랑수아 왕' 안추웨 레-뎀비노(Antchuwè Ré-Dembino)과 '조지 왕' 라손지(Rassondji)도 각각 1846년 8월 1일과 11월 4일에 조약에 서명했다.

1843년 코모강 하구 우안에 최초의 프랑스 영구 정착지인 오말 요새(Fort-d'Aumale)가 건립되었는데, 코모강 하구 좌안에 있던 소규모 프랑스 요새를 확장 이전한 것이다.

1840년대의 리브르빌 해안
© 위키커먼스

오말 요새(Fort-d'Aumale), 1846
© African Heritage

1846년, 콩고에서 노예를 실어 나르던 브라질 노예선 엘리지아(L'Elizia)호가 프랑스함대에 의해 로앙고 근처에서 나포되었다. 포획된 노예 160여 명은 세네갈의 고레섬에 수용되었는데, 프랑스는 이들 중 귀향을 희망한 50여명의 노예를 가봉으로 돌려보내기로 결정했다. 프랑스함대의 선장 케리구에트는 가봉으로 돌아오는 노예 52명을 오말 요새 근처에 하선시켰고, 이들은 그 지역에 정착하게 된다. 당시 프랑스 총독이었던 부에-윌로메즈는 이 사건을 기념해 1849년 오말 요새 근처에 건설 중이던 도시를 리브르빌(Libreville, 자유도시)이라 명명했다. 그 후 리브르빌은 확장을 계속하여 현재 가봉의 수도가 된다.

코모강 입구에 안정적으로 정착한 프랑스인들은 이후 몇 년간 주변 지역으로 지배권을 확장해 나갔다. 프랑스 지배권 확장은 경제적 관심사에서 비롯되었으며, 시간이 지나면서 전략적 고려 사항과 함께 지배권의 확장은 점점 더 중요성을 띠게된다. 이러한 확장은 내륙으로의 대규모 탐사 활동으로 이어지게 된다.

2. 프랑스의 내륙 진출

가봉 내륙의 탐사는 하천을 따라 진행되었다. 적도 지대인 가봉의 내륙은 울창한 열대 우림으로 이루어져 있었기 때문에 육지를 통한 진출은 처음부터 불가능했기 때문이다.

1846년 9월부터 피가르드(Pigeard)가 코모강 탐사를 시작했다. 그후 1847년 메케트(Mecquet)가 이를 이어받아 탐사

를 계속 진행했다. 1853년에는 바우딘(Baudin)과 부에-윌로
메즈가 적도기니와의 접경 지역인 크리스탈(Cristal) 산맥 기
슭에 도달했다. 1860년, 투샤르(Touchard)가 코모강 상류의
수원지를 발견함에 따라 코모강 경로의 탐험은 끝을 맞게 된
다. 프랑스인들은 코모강을 따라 진출하면 아프리카 내륙 깊숙
이 진입할 수 있을 것이라 기대했지만, 코모강은 길이 140km
의 소규모 하천이었기 때문이다. 이후 프랑스 탐험가들은 가봉
의 가장 큰 강인 오고웨강 탐사에 나서게 된다.

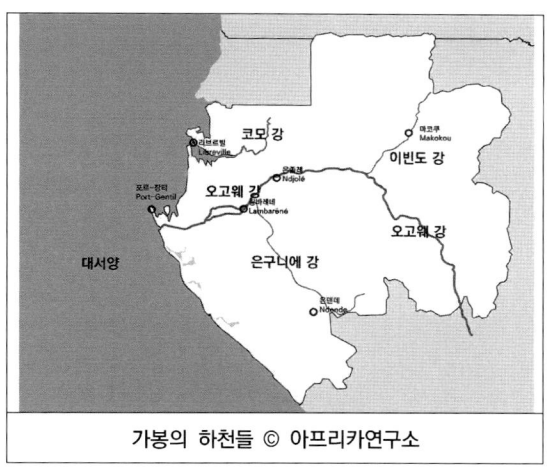

가봉의 하천들 © 아프리카연구소

오고웨 강은 길이 약 1,200km로 유출량 기준으로 콩고강,
카사이강, 니제르강에 이어 아프리카에서 네 번째로 큰 강이
다. 하류 지역은 10,000m²의 광대한 삼각주를 이루고 있으며,
223,856km²의 분지와 강의 흐름을 따라 형성된 계곡은 선사
시대 때부터 인류의 거주지였다. 중·상류의 오고웨 분지는 대

부분 훼손되지 않은 원시 우림으로 이루어져 있을 뿐만 아니라 다양한 동식물의 서식지였다. 따라서 오고웨 강의 탐사는 세계사의 지리적 발견의 의미뿐만 아니라 당시 자원의 획득을 목적으로 아프리카에 진출한 프랑스에게는 가봉의 식민지로서의 가치를 높이는 중요한 탐사가 된다. 오고웨 강 탐사의 기록은 다음과 같다.

연도	탐사지역	탐사자	비고
1842.6	오고웨강 하류	윌리엄 워커와 아이라 프레스턴	미국 해외선교위원회 성직자. 오고웨강 하류 단순 방문
1855	오고웨강 삼각주	폴 벨로니 뒤 샤유	리오 무니와 페르낭-바즈 내륙 지역을 탐험
1862.7	은고모	세르발과 그리폰 뒤 벨레	2차 탐사
1863-1865	상-응구니 지역	폴 벨로니 뒤 샤유	
1864	코모강과 오고웨강 사이 지역	제노이어	
1866	로페	제노이어, 워커	
1867	오고웨강 하구에서 은구니강 합류점까지	아이메스	오고웨강 하구에서 랑베레네까지의 경로 개척 완료
1873-1874	이빈도강 합류점까지	마르슈와 콩피엔뉴 백작	
1875-1885	콩고 분지까지	피에르 사보르낭 드 브라자	내륙경로 개척 완료

1886- 1889년	가봉 북부 지역	자크 드 브라자, 이어 폴 크램펠, 푸르노, 돌리시에	
	남부 지역	로에퍼, 샤세와 브라바르	

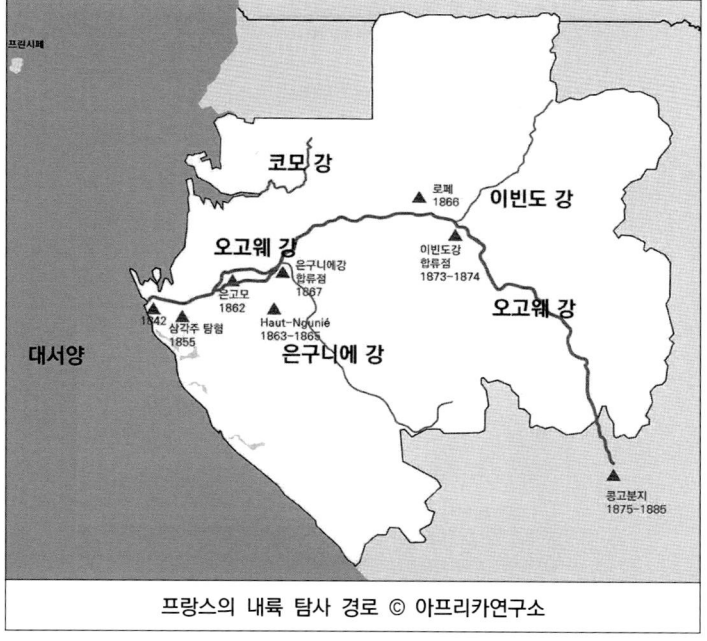

프랑스의 내륙 탐사 경로 © 아프리카연구소

내륙에 대한 탐사가 진행됨에 따라 자연히 내륙의 부족들과의 보호조약이 체결되었다. 이 기간에 맺어진 조약들은 다음과 같다.

일시	조약명	지역
1862.6	프랑스-오룬구 조약	로페즈 반도
1867.5	프랑스-에넨가 조약	랑바레네
1868.1	프랑스-은코미 조약	페르낭-바즈
1873.8	프랑스-갈와 조약	랑바레네
1883.12	프랑스-은구비 조약	이구엘라

당시의 이러한 조약의 체결이 곧바로 식민 정부의 행정적 정착으로 이어지지는 않았다. 프랑스 식민 당국의 행정적인 지배는 탐사 이후 많은 시간이 필요하였다. 그러나 이 탐사 기간부터 가봉의 원주민들에게 실질적인 영향을 끼치게 된 사건은 기독교의 전파였다. 유럽의 선교사들과 상인들이 탐험가들을 따라다니며 탐사 지역으로 진출했기 때문이다.

3. 기독교의 전파

가봉에 대한 서구의 기독교 전파 노력은 포르투갈이 진출하던 16세기 말부터 시도되었으나 19세기에 이를 때까지 가시적인 성과는 거두지 못했다. 16세기 말 포르투갈 선교사들이 로페즈 곶(Cap Lopez)에서 선교활동을 폈으나 정착에는 실패하였고, 18세기 이탈리아 카푸친 수도사들이 코모강 하구에서 활동했으나 실패로 끝나게 된다. 가봉에 최초로 기독교 선교단이 정착하게 된 것은 1842년에 이르러서였다.

1842년 6월 미국 해외선교위원회 소속의 윌슨(John Leighton Wilson, 1809-1886)과 그리스월드(Benjamin Griswold) 목사가 리브르빌 인근의 글라스타운(Glasstown)3) 에 상륙해 옛 포르투갈인들이 운영하던 노예 시장인 바라카오 (barracao)가 있던 작은 언덕에 정착지를 설립했다. 이 첫 번째 선교기지는 정착한 지명을 따서 바라카(Baraka) 선교단이 라는 이름이 붙여졌다.

바라카 교회 © Mémoire Sauve Gabon

2년 후인 1844년 9월, 프랑스의 베시외 신부(Bessieux)가 프랑스의 무역 거점인 오말 요새 옆에 성 마리아 선교단(la Mission Sainte-Marie)을 설립했다. 이후 미국의 개신교단 과 프랑스의 가톨릭 선교단은 가봉 선교에 있어서 경쟁 관계에

---

3) 지금의 리브르빌의 Glass 구역

들어갔다. 성 마리아 선교단은 1852년 가봉의 두 번째 가톨릭 선교지인 성 베드로 선교단(Mission Saint-Pierre)을 설립했다.

1860년대 가봉의 가톨릭 선교 기지 © 위키커먼스

이후로 잠시 주춤하던 선교활동은 오고웨 분지 탐사 진전에 따라 다시 활기를 띠기 시작했다. 1876년 중부 오고웨 지역 랑바레네 근처의 안덴데(Andéndé)와 1882년 탈라구가(Talagouga)에 개신교 선교기지가 설립되었고, 1881년 코모 강변의 풀라비푸네(Fulabifune)에도 개신교 선교기지가 설립되었다.

성 마리아 교회
© carnetsdevoyages

한편, 가톨릭 선교단은 1875년과 1878년에 글라스에 두 개의 분소를 개설한 후, 1877년 몽다(Mondah) 선교소, 1878년 동길라(Donguila) 선교소, 1880년 랑바레네에 성 프랑수아-자비에르(Saint-François-Xavier) 선교소, 그리고 1883년 라스투르빌(Lastourville)에 성 피에르-클라베르(Saint Pierre-Claver) 선교소를 설립하였다. 1887년 에시라(Eshira)의 성십자가(Sainte-Croix) 선교소와 1897년 프랑스빌(Franceville)의 성힐라리오(Saint-Hilaire) 선교소가 설립됨에 따라, 가봉의 카톨릭과 개신교 교회는 19세기 말까지 전국에 약 12개의 선교소를 운영하게 되었다.

교회에서 나오는 사람들. 1900년. 리브르빌 © 위키커먼스

이들은 원주민들에게 큰 영향을 미치게 되는데, 이는 선교단들이 순수한 종교적 사역 외에도 교육사업과 다른 활동을 병행했기 때문이다. 교육사업은 초등교육과 직업교육이 위주였는

데, 1856년경, 가톨릭 선교단은 현지 성직자 양성을 위해 초등학교 5학년과 6학년을 대상으로 한 중등 교육 과정을 설립했다. 이 교육 과정에서 우수 학생들은 프랑스의 노트르담 드 랑곤넷 (Notre- Dame de Langonnet)이나 세네갈의 생조셉 드 은가조빌(Saint-Joseph de Ngazobil)로 보내져 학업을 계속했다. 이러한 기독교 선교단에 의한 교육은 1907년까지 가봉의 유일한 교육 시스템으로 운영되었다. 그 외에도 선교사들에 의한 노인과 환자들을 위한 요양원 운영도 현지 주민들로부터 큰 호감을 받았다.

106. - CAP-LOPEZ. - Au Fernan Vaz

선교사들의 활동 모습 1907년 로페즈 곶 © Mémoire Sauve Gabon

선교사들의 활동 모습 1907년 로페즈 곶 © Mémoire Sauve Gabon

선교사들의 활동 모습 1920년 로앙고 © 위키커먼스

선교를 겸한 의료 봉사자 중에 가장 유명했던 인물은 알베르 슈바이처(Albert Schweitzer)였다. 프랑스 알자스 출신으로 본의와 상관없이 프랑스와 독일 국적을 오갔던 슈바이처는 열악한 아프리카인들에게 의료봉사하는 것을 자신의 소명으로 생각하고, 1913년 4월 16일 랑바레네에 도착해서 병원을 세웠다.

알베르 슈바이처와 랑바레네 병원(2017) ⓒ 아프리카연구소

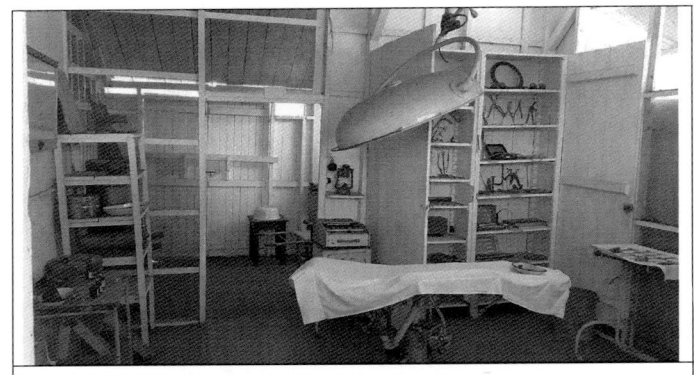

랑바레네 병원의 수술실(2017) ⓒ 아프리카연구소

현지 원주민들에게 열열한 환영을 받은 슈바이처의 병원은 열악한 상황에서도 6개월 만에 1,000명이 넘는 환자를 치료할 정도로 큰 호응을 얻었다. 그러나 1914년 1차대전이 발발하고 프랑스와 독일이 전쟁에 돌입하자 당시 독일 국적이었던 슈바이처는 프랑스 정부에 의해 구금이 되었고, 1917년 전쟁포로로 프랑스로 송환된다. 1차대전이 끝난 후 알자스 지역이 다시 프랑스 영토가 되면서 프랑스 국적을 얻게 된 슈바이처는 1924년 4월 다시 랑바레네로 돌아와 병원을 재건하고, 1965년 사망할 때까지 그곳에서 의료 봉사를 하면서 세계적인 명성을 얻게 되었다. 그는 랑바레네의 자신의 병원 옆에 동료들과 함께 묻혀있다.

알베르 슈바이처의 무덤(2017) © 아프리카연구소

4. 식민 정부의 행정조직

프랑스는 가봉에서 보호조약을 체결한 이후 자국의 상인들에 대한 보호를 강화하고, 식민지를 더 효과적으로 통제하기 위해 본격적으로 행정조직을 구축하기 시작했다.

1849년 리브르빌에 최초로 프랑스 식민 정부 기관이 설치되었다. 이후 1859년 2월 리브르빌을 수도로 하는 '프랑스 코트 도르와 가봉 식민지'(Etablissements français de la Côte d'Or et du Gabon) 라는 새로운 행정 단위로 출범하게 된다. 그 이전까지 가봉은 프랑스 식민지 행정 단위로는 프랑스령 서아프리카(Afrique-Occidentale française)에 소속되어 있었는데, 독립적인 행정 단위가 됨으로서 식민지 중앙 행정부의 역할을 하게 된 것이다. 자연히 이전까지 소수의 인원이었던 행정 및 군사 인력도 크게 강화되었고, 가봉 지역은 프랑스 해군 아프리카 서부 해안 사령부의 주요 기지가 되었다.

리브르빌의 총독 관저 © 위키커먼스

그러나 1870년 프랑스가 보불전쟁에서 프로이센에 패배한 후, 프랑스는 가봉으로부터의 철수를 결정했다. 1872년 프랑스 정부는 많은 가봉의 식민지 행정 기관을 폐지하고 가봉의 프랑스인들에게 철수 명령을 내렸다. 이러한 철수 작업은 1873년까지 이어졌다. 그러나 리브르빌 대교구의 주교였던 베시외 주교(Jean-Rémi Bessieux)는 철수 명령을 단호히 거부했다. 사실 철수 결정을 하였지만 프랑스의 입장에서 가봉은 아프리카에서 매우 중요한 전략적 지역이었기 때문에 시간이 지나자 프랑스 정부는 가봉에서의 철수를 재고할 수 밖에 없었다. 전략적 중요성에 더해 이 지역의 탐험가 알프레드 마르슈(Alfred Marche)와 빅토르 드 콩피에뉴(Victor de Compiègne)는 가봉의 경제적 잠재력에 대한 보고서를 제출했다.

결국 프랑스는 가봉에서의 철수 계획을 철회하고 가봉의 식민지화를 다시 강화하게 된다. 1874년부터 폐지된 모든 행정 기관이 복구되기 시작했다. 1874년에 랑바레네에 행정 기관이 설치되었으며, 1880년 이후에는 내륙의 많은 도시들에 행정 기관들이 설립되었다. 1880년 6월에 마스쿠(Masuku)와 프랑스빌(Franceville), 1883년에 마디빌(Madiville)과 라투르빌(Lastourville), 1884년 1월 로페(Lopé) 근처의 아슈카(Ashuka), 은졸레(Ndjolé), 포르-장티(Port-Gentil), 1884년 7월 이구엘라 포스트(Poste d'Iguéla) 등에 잇달아 행정 기관이 설립되었다.

1886년 프랑스는 서아프리카 지역의 식민지 행정 구역에 대한 대대적인 조정을 시행했다. 프랑스는 코트디부아르의 그랑-바상(Grand-Bassam)과 아시니(Assinie), 베냉만의 코토누(Cotonou)와 포르토-노보(Porto-Novo)를 프랑스령 서아프리카에 편입하고, 가봉을 '프랑스령 콩고'(Congo français)[4]에 병합시켰다. 프랑스령 콩고의 총독으로는 당시의 유명한 탐험가 사보르낭 드 브라자(Savorgnan de Brazza)가 임명되었으며, 가봉은 프랑스령 콩고의 한 행정 구역으로서 부총독이 통치하였다.

프랑스령 콩고 ⓒ 아프리카연구소

---

4) 프랑스령 콩고(Congo français)는 1882년에 만들어진 프랑스의 식민지이다. 사보르낭 드 브라자가 주도적인 역할을 했으며 그의 이름을 딴 도시 브라자빌(Brazzaville)은 현재 콩고공화국의 수도이다. 1886년 프랑스령 가봉과 합병한 이후에 1910년 '프랑스적도아프리카연방'으로 대체될 때까지 중부 아프리카의 프랑스 식민지의 중추적 역할을 했다. 1903년 가봉과 실질적으로 다시 분리되면서 이웃한 벨기에령 콩고와 구분하기 위해 중부-콩고(Moyen-Congo)로 불리기도 했다.

그러나 가봉과 프랑스령 콩고 지역을 하나의 행정 단위로 통합한 것은 많은 불협화음을 일으켰다. 결국 현장에서의 건의에 따라, 1903년 프랑스 정부는 기존의 프랑스령 콩고의 행정 체제는 그대로 유지하되, 가봉에서의 식민 통치의 자율권을 인정하게 된다. 이때부터 가봉의 식민 정부는 프랑스령 콩고의 한 부서이면서도 본국 프랑스 정부와 독립적으로 소통하는 독립체가 된다. 이러한 식민지 운영 방식은 프랑스령 콩고 전체가 1910년 '프랑스 적도 아프리카(Afrique Equatoriale Française, AEF)라는 연방 체제로 대체된 이후에도 계속 유지되었다. '프랑스 적도아프리카 연방'은 가봉, 중부-콩고, 그리고 1906년에 설립된 우방기-샤리-차드(Oubangui-Chari-Tchad) 식민지를 포함했다. 연방 전체는 브라자빌에 거주하는 총독이 관할 했지만, 각 지역은 부총독들이 실권을 가지고 통치했다.

1902년에서 1903년 사이 리브르빌 부두 © 위키커먼스

5. 유럽 상인들의 정착

프랑스에 의한 가봉과의 잇달은 보호조약의 체결 이후에 다른 아프리카 지역들과 마찬가지로 가봉에서의 유럽 상인들의 활동도 본격적으로 궤도에 오르게 된다. 유럽 상인들은 이미 15세기 말부터 가봉 해안을 방문하면서 상업 활동을 하고 있었지만, 그때까지의 거래들은 비정기적으로 이루어져 왔다. 아프리카에 도착한 유럽인들은 육지로 상륙하는 것을 꺼려했고, 장기간 체류하지도 않았다. 일부는 노예무역을 목적으로 하는 정착지를 세우기도 했지만, 대부분의 유럽인들은 현지 중개인에게 상품을 지급하거나 현지 제품으로 대금을 받는 데 필요한 며칠 동안만 머물렀다. 19세기 들어 유럽인들이 해안가 마을에 상륙한 이후로도, 유럽인들은 오랫동안 내륙으로 진출할 엄두를 내지 못했다. 아프리카 부족들 간의 네트워크를 활용한 중계무역이 주된 거래 방식이었기 때문에, 원주민 부족들 사이에 유럽인의 이동이 엄격히 통제되기도 했지만, 무엇보다 유럽인들은 안전상의 이유로 해안에 머무는 것을 선호했기 때문이다.

그러나 프랑스가 가봉의 각 지역의 부족들과 보호조약을 맺고 군사력을 바탕으로 한 식민지 정부가 들어서자, 양상이 바뀌게 된다. 유럽 상인들은 프랑스 식민 정부의 보호를 받을 수 있게 되자 코모강 하구에 무역 거점도시를 만들고, 프랑스의 내륙 탐사에 따라 가봉의 내륙으로도 진출하게 되었다. 프랑스 식민 정부는 다른 서양 국가의 상인들도 자유롭게 무역 활동을 할 수 있도록 하였으며, 1854년 이후 가봉에 정착할 수 있도록 허용했다. 그 결과 리브르빌과 글라스(Glass)[5]에 대규모 상업 시설이 설립되었으며, 수많은 유럽 회사들의 지점이 개설됐다. 리브르빌에는 주로 프랑스 상인들이 모여 있었고, 글라스에는 다른 서양 국가의 상인들이 모여 있었다. 이들이 내륙 지역으로 진출함에 따라, 코모강 유역, 엘리바 낫코미, 오고웨, 몬다, 이구엘라 늪지대 등에 상업 시설이 분포하게 된다. 이 상업 시설의 대부분은 영국인이나 독일인의 소유였다. 오히려 프랑스의 무역 거점은 소수의 작은 회사들로 구성되어 있었으며, 이 중 많은 회사가 1880년 이전에 사라졌다.

1860년대 가봉의 상업 지구 © 위키커먼스

---

5) 리브르빌 인근의 거주 지역, 후에 리브르빌의 한 구역으로 편입된다.

1894년 12월 가봉에서 가장 큰 프랑스 회사인 오오고웨 상업 및 산업 회사(la Société Commerciale et Industrielle du Haut-Ogooué, SHO)가 설립된 후에도 프랑스의 무역은 여전히 미미한 수준에 머물렀다. 이러한 상황을 타개하기 위해 프랑스는 영국에게 각자의 식민지인 가봉과 감비아를 교환하자는 제안까지 하기도 했다. 당시 감비아에서는 프랑스의 사업이 번성하고 있었기 때문이다. 그러나 1866년에 시작된 협상은 최종적으로 결렬되었다. 이에 프랑스는 포기하려던 가봉에 대한 입장을 선회하여, 적극적인 지원책을 펼쳤다.

프랑스 식민지 정부는 자국민들의 상업 활동을 장려하기 위해 양허 회사(sociétés concessionnaires)라는 새로운 해결책을 제시했다. 양허 회사는 프랑스 자본을 '프랑스령 콩고'에 유치하면 해당 기업 사업 분야에서 독점권을 주는 제도였다. 프랑스 회사에는 식민지 정부에 이익의 15%를 납부하고, 독점권을 가진 면적에 따라 500프랑에서 50,000프랑 사이의 사용료와 몇 가지 의무를 이행하는 조건이 따랐다. 대신 자신들이 독점권을 가진 지역에서 개발한 모든 토지의 영구 사용권과 30년간의 채굴 독점권, 그리고 무엇보다 중요했던 식민지 군대의 보호를 받을 수 있었다. 양허 회사들은 독점권을 이용해서 원주민들로부터 고무와 상아를 헐값에 구매할 수 있었기 때문에 막대한 수익을 올릴 수 있었다. 이러한 양허 회사 지원 정책에 힘입어 1899년 '프랑스 콩고'에 40여 개의 양허 회사가 설립되었고, 이 중 10여 개는 가봉에 설립되었다.

6. 독일의 팽창과 식민지 영토 조정

19세기 후반 유럽의 새로운 강자로 등장한 독일은 영국과 프랑스에 뒤처졌던 식민지 확보를 위해 적극적으로 나서게 된다. 1884년 7월 이미 프랑스와 영국이 아프리카의 서부와 동부 지역을 중심으로 많은 식민지를 확보하고 있던 상황에서, 독일은 카메룬의 해안 도시 두알라에서 구스타프 나치갈이 그 지역의 부족장이었던 벨(Bell)과 보호조약을 체결함으로써 카메룬을 독일 보호령으로 만드는데 성공한다. 아프리카 지역에 대한 식민지 확보의 교두보를 확보한 독일은 계속해서 1884년 토고, 나미비아를 손에 넣었고, 1885년, 서양 열강들이 아프리카를 분할하기 위해 개최된 베를린 회담을 통해, 나미비아, 카메룬, 탄자니아, 르완다, 부룬디를 손에 넣었다.

계속해서 아프리카의 식민지 확장을 꾀하던 독일은 1911년 11월 모로코의 항구 아가디르(Agadir)에서 프랑스와 충돌하게 된다. 양국의 군사적 대립으로 전쟁 직전 상황까지 치달았던 아가디르 사건은 실제로 전쟁을 원하지 않았던 양국의 비밀 협상으로 독일과 프랑스의 식민지 영토를 조정하면서 일단락 된다. 협상의 내용은 독일이 프랑스의 모로코 보호국 수립을 인정하는 조건으로 프랑스령 콩고의 일부 영토를 할양받는 것이었다. 이에 따라 가봉의 북부 지역의 일부가 독일의 식민지로 넘어가서 '노이-카메룬'(Neu-Kamerun)의 일부가 된다. 독일은 가봉 북부 지역과 중부-콩고 지역 약 30,000km² 면적에 25만 명의 인구를 가진 지역을 자신들이 식민지로 가지고 있었던 카메룬에 노이-카메룬이라는 이름으로 합병하였다.

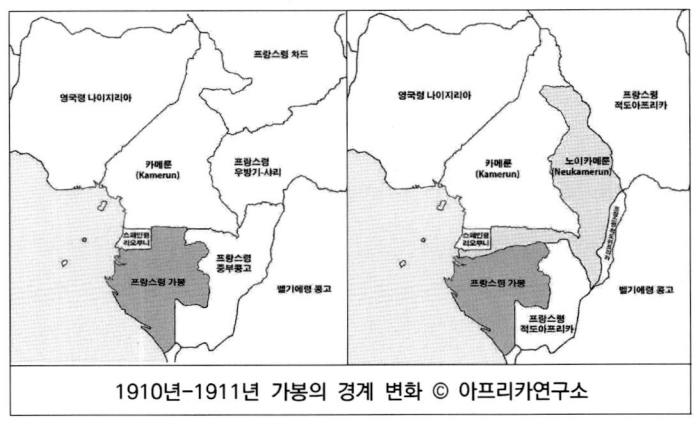

1910년-1911년 가봉의 경계 변화 © 아프리카연구소

아가디르 사건

아가디르 사건 또는 제2차 모로코 위기는 1911년 7월 모로코 내륙에 프랑스 군이 배치되고 독일 포함 SMS 판터 호가 모로코의 항구인 아가디르에 배치되면서 촉발된 프랑스와 독일의 군사적, 외교적 갈등이다. 지금의 모로코가 된 당시의 셰리프 왕국은 아프리카에서 아직 식민지화되지 않은 지역 중 하나였고, 여러 유럽 열강들의 탐욕의 대상이었다. 특히 1830년 알제리정복 후 알제리를 식민 통치하고 있던 프랑스는 인접한 모로코 식민화에 적극적이었고, 19세기 중반 이후 유럽의 강자로 부상한 독일은 영국과 프랑스에 뒤처진 식민지 확보에 열을 올리고 있었다.

1905년 3월 독일 황제 빌헬름 2세는 모로코의 탕헤르에 상륙하여 모로코의 술탄 물레이 압둘 아지즈와 회동했고(1차 모로코 위기), 이 사건은 영국과 프랑스의 즉각적인 반발을 불러일으켰다. 최종적으로 프랑스와 독일은 1906년 알헤시라스 회담을 체결하고 프랑스가 독점적인 정치적 통제권을 갖는 반면, 독일도 모로코에서 경제적 이익을 보장받는다는 것에 합의했다.

1911년 3월 모로코에서 반란이 일어났고, 위협을 느낀 모로코의 술탄은 프랑스에 도움을 요청했다. 프랑스는 1911년 5월 라바트, 페스, 메크네스에 군대를 보내 점령했고, 독일은 프랑스를 견제하기 위해 자국민을 보호한다는 구실로 1911년 7월 포함 SMS 판터호를 시작으로 군함들을 아가디르 항구에 파견했다. 이러한 프랑스와 독일의 군사적 대치는 순식간에 유럽 열강들을 전쟁의 두려움으로 몰아넣었다. 그러나 실제로는 전쟁의 의지가 없었던 프랑스와 독일은 1911년 11월 4일 비밀 협정을 체결하여 사건을 마무리하게 된다. 독일은 모로코에서 프랑스의 지위를 인정하고 철수하는 대신 자신들의 식민지인 독일령 카메룬과 접경한 프랑스 적도 아프리카의 영토 275,000km^{2}를 할양받았다. 이때 독일에게 넘어간 영토는 1차 세계대전 후 프랑스와 영국에게 다시 귀속되게 된다.

아가디르 사건은 국제정세에 있어서 독일을 위시한 유럽 열강들의 군사적 갈등을 확인하는 계기가 되었다. 이후 유럽 열강들은 군비 강화에 열중하게 되고, 이는 몇 년 후의 제1차 세계대전의 원인 중의 하나가 되었다.

7, 식민지 점령에 대한 저항

프랑스의 식민 정부 행정조직의 완비는 원주민들에게 가혹한 식민지 통치의 시작을 의미했다. 1900년 10월부터 프랑스령 콩고에 공식적으로 원주민법(Indigénat)이 적용되었다. 원주민법은 식민지 원주민들의 열등한 지위를 법적으로 공고히 하고, 다양하고 임의적인 법률과 규정으로 정치적 억압과 경제적 착취를 용이하게 하는 대표적인 차별법이었다. 그 결과 가봉의 원주민들은 인두세, 부역, 강제 노동, 재판 없는 처벌 등 프랑스 식민 정부의 가혹한 통치에 시달리게 된다.

원주민법(Code de l'indigénat)

원주민법(Code de l'indigénat)은 프랑스 식민지에서 '원주민'으로 정의된 사람들에게만 적용되는 특별 행정 형벌 제도이다. 시대와 해당 국가에 따라 약간씩 달라지는 이 법의 핵심은 프랑스 식민지 원주민에게 실질적으로 열등한 법적 지위를 부여하고 정치적 억압과 경제적 착취를 용이하게 하는 것이었다. 다양하고 임의적인 법률과 규정의 집합으로 이루어진 이 프랑스 식민법 제도는 오랫동안 그 차별적 성격으로 비판받아 왔다.

식민 대상 국가와 시기에 따라 일률적으로 규정할 수 없는 다양한 내용을 가지고 있지만 대부분 다음과 같은 핵심 내용들이 포함되어 있다.

- 식민지 세금
- 공동자산의 압류
- 집단 벌금
- 연금이나 구금 권한
- 공무원의 징계 권한

1834년 알제리에서 제정된 정복법을 기초로 하는 원주민법은 1881년 법령에 의해 확정되었고, 1887년부터 다양한 형태로 프랑스 식민제국 전체로 확대되어 적용되었다. 프랑스 식민지 수탈의 법적 근거로서 작용했던 원주민법은 많은 저항을 불러일으켰지만, 프랑스 식민정책의 근간으로 작동하다 2차대전 이후인 1946년에 폐지되었다.

프랑스의 식민지 점령이 진행되는 동안 가봉의 원주민들은 이에 대해 격렬한 저항을 펼쳤다. 사실 가봉의 식민지 점령에 대한 거부감은 프랑스와의 첫 번째 조약 체결 시점부터 나타났다. 데니스 왕(안추웨 코웨 라폰티요모)과의 최초의 조약 체결

도 부족민들 사이에 강한 반대가 있었지만, 데니스 왕이 부족민들에게 절대적인 권위가 있었기 때문에 가능한 일이었다. 이후에 체결된 모든 조약들도 강력한 저항에 부딪혔지만, 프랑스 대표들은 이를 무력으로 진압하거나 부패를 통해 해결했다. 그러나 조약 체결 후에도 원주민들의 반발은 계속되었다. 1862년부터 가봉에서 수많은 무장 충돌이 발생했으며, 이는 제1차 세계 대전 이후까지 거의 끊이지 않고 계속되었다. 초기에는 주로 코모 분지에서 발생한 소규모 충돌이었지만, 원주민과 식민지 점령군 사이의 충돌은 19세기 후반에 이르러 대규모 무장 저항 운동으로 발전했다.

1895년 은졸레(Ndjolé) 지역의 지도자 에만느 톨레(Emane Tole)가 가봉산 제품 가격 하락, 유럽 상품의 가격 상승에 분노한 원주민들을 집결시켜 무장봉기를 일으켰다. 1895년부터 톨레의 부대와 식민지 정부 군대 사이에 일련의 전투가 벌어졌다. 1899년 8월에 도입된 인두세 실행은 원주민들을 더욱 분노하게 만들었고, 톨레는 1901년에 이르러서 가시적인 성과를 거두게 된다. 톨레는 은졸레 포스트 근처의 오고웨 강을 봉쇄하고, 이 지역의 여러 무역소

에만느 톨레
© Mémoire Sauve Gabon

를 수 주 동안 점령했다. 그러자 자신들이 사업에 직접적인 위협을 받게 된 오오고웨 상업 및 산업 회사(SHO)는 스스로 많은 수의 민병대를 조직해 은졸레 포스트의 식민지 군대를 지원했다. 수개월간의 전투 끝에 수세에 몰린 에만느 톨레는 1902년 9월 식민지 당국에 투항했다. 식민지 정부는 톨레를 그의 아들과 함께 코트디부아르의 그랑 바상으로 추방했다.

1903년, 미몽고(Mimongo), 무일라(Mouila), 음비구(Mbigou) 지역에서 또 다른 대규모 무장 저항 운동이 일어났다. 미츠고족(Mitsogo)의 지도자 음봉베(Mbombè)는 식민지 회사들의 폭력, 식민지 군사 기지 설치, 부당한 세금 부과에 반대해 일어섰다. 반란군은 처음부터 유럽의 무역소를 체계적으로 공격했고, 1904년 12월부터 시작된 식민 정부 진압군과의 격렬한 전투는 1913년까지 계속되었다. 음봉베는 체포되어 차드에서 10년 간의 유배형을 선고받았고, 1913년 8월 27일 무일라 감옥에서 폐렴으로 사망했다.

1906년 가봉 남부에 거주하던 푸누족(Punu)도 모아비(Moabi) 지역에서 은욘다 마키타(Nyonda Makita, 일명 마부룰루Mavurulu)의 지도하에 반란을 일으켰다. 1906년부터 1909년까지 이어진 저항 운동은 모아비와 치방가(Tchibanga) 사이 지역에서

은욘다 마키타
© Mémoire Sauve Gabon

식민지 군대와의 전투에서 패한 후 완전히 진압되었다. 이 운동의 지도자 은온다 마키타는 주요 협력자들을 잃고 은덴데(Ndéndé)로 도망쳤으나, 식민지 당국에 의해 체포된 가족들의 위협을 피하기 위해 프랑스 당국에 자수했으며, 1910년 감옥의 감방에서 홀로 숨을 거두었다.

한편 북부의 팡족은 은졸레(Ndjolé)와 오옘(Oyem) 사이 지역에서 대규모 무장 저항을 일으켰다. 이 반란은 '빈지마(Binzima) 반란'6)으로 불렸으며, 프랑스군 추산 약 10만 명의 인구가 참여했다. 이 운동은 매우 잘 조직되어 유니폼, 계급, 정보 부서, 특수 전투 부대를 갖추고 1907년부터 1909년까지 식민지 군대와 수많은 전투를 벌였다. 그러나 시간이 지남에 따라 빈지마의 무장 저항은 크게 약화되었고, 결국 1909년 9월 21일 오옘에서 프랑스 식민지 부대와 협정을 맺게 된다. 빈지마는 포로 석방과 지도자 중 누구도 추방되지 않을 것이라는 약속을 조건으로 무기를 내려놓기로 동의했다. 식민지 정부도 상황을 악화시키지 않기 위해 오옘 주변의 각 부족에게 1,000프랑의 벌금을 부과하는 데 그쳤다. 협정 체결 이후 소규모 저항이 있었지만 1909년 12월에 이르러 빈지마 저항은 완전히 종식되었다.

---

6) 'Les Binzima'는 팡족에서 유래된 '군인' 또는 '병사'를 뜻하는 용어이다. 역사적으로는 1907년부터 1909년까지 가봉 북부 지역에서 프랑스 식민 정부에 대항해 조직적으로 무장활동을 했던 반란군들을 지칭한다. 이들은 400~500명 규모의 10개 대대로 구성되어 있었고, 각 대대마다 100명 규모의 중대와 하부 분대들로 구성되었다.

1895년부터 1909년까지 4차례의 대규모 무장봉기는 모두 식민지 군대에 의해 진압되었고, 그 외에도 전국 각지에서 소규모의 반란들이 발생했지만, 모두 즉시 또는 제1차 세계 대전 종료 후 진압되었다.

제6장 1, 2차 세계대전 사이

1. 제1차 세계대전과 가봉

1914년 유럽에서 제1차 세계대전이 발발하자, 프랑스는 가봉에 주둔한 2,000여 명의 프랑스 식민지 군대를 동원하여 1911년 독일에게 넘겨주었던 지역을 탈환하는 전투를 벌였다. 1914년 12월까지 독일군의 주요 거점에 대한 전투에서 승리한 프랑스군은 1915년 12월 말까지 독일군을 마지막 점령지에서 몰아내는 데 성공했다. 인접한 카메룬에서도 프랑스와 영국 연합군이 1916년 초 독일군에 대한 최종 승리를 거둠에 따라 독일은 서아프리카 지역에서 완전히 철수하게 된다.

가봉과 카메룬 지역에서의 전투에 가봉의 병사들도 투입되었다. 또한 가봉 북부 지역과 카메룬에서 전투 중인 부대들의 보급을 위해 55,000명에서 60,000명의 인력이 짐꾼으로 고용되었다. 그 외에도 가봉은 유럽 전선에도 병력을 파견했다. 1916년부터 1918년까지 총 10,000명 이상의 남성이 징집되었으며, 수천 명의 짐꾼도 파견되었는데 이 중 많은 수가 고향으로 돌아오지 못했다.

제1차 대전 동안 프랑스 식민 정부는 전쟁으로 인한 불가피한 희생이라는 명분을 내세웠으나, 이 시기는 실제로는 전쟁을 명분으로 한 식민지 억압의 강화 시기였다. 전쟁의 상황은 프랑스의 식민지 수탈을 더욱 가혹하게 만들고, 가봉의 원주민들에게는 진정한 고난의 시간이었다.

먼저 프랑스 식민지 정부는 인두세를 대폭 인상하였다.

1914년 이전에 일 인당 3프랑이었던 인두세는 전쟁 기간 중 해안 지역은 10프랑, 기타 지역은 7.50프랑으로 인상되었다. 식민지 정부는 인두세를 징수하기 위해 갖가지 비윤리적인 수단을 동원했다. '세금 징수원'들을 적극 활용했고, 고무나 팜유, 가축 등을 통한 현물 납부뿐만 아니라 집단 구금, 마을 방화, 군인들과의 동거 묵인7) 등 비인간적 방식도 서슴지 않았다.

게다가 주민들은 프랑스로 보내는 고무 채집 사업에 의무적으로 참여해야 했다. 1915년부터 만들어진 고무 채집장은 식민지 정부의 지침에 의해 철저하게 통제되었다. 고무 채집은 숲속에서 수개월 동안 작업해야 했으며, 통제를 맡은 민병대원들은 가혹한 폭력으로 원주민들을 다루었다. 비인간적 강제 노역으로 고무 생산량은 급속히 증가해서 1915년 1,400톤에서 1916년 2,500톤으로 증가했으며, 1917년에는 3,000톤에 달했다. 이 기간에 가봉은 카메룬의 병사 모집, 반복된 천연두와 독감의 유행, 야생 동물들의 농장 파괴, 1921~1923년의 가뭄과 같은 기후 재해 등으로 대 기근을 겪게 되었다. 기근이 극심했던 볼레우-넨템 지역에서는 1918년부터 1925년까지 약 4,600명이 사망했다. 이러한 상황은 원주민들의 강한 반발을 일으켰고, 많은 지역에서 전쟁 기간 동안 저항 운동의 불씨가 타오르기 시작했다.

---

7) 병사들은 미혼 또는 기혼 여성과 일시적으로 동거를 할 수 있었으며, 이 경우 해당 여성의 아버지나 남편에게 일정 금액을 지급해야 했다. 그러나 이 금액은 식민지 정부에 의해 인두세 명목으로 즉시 회수되었다.

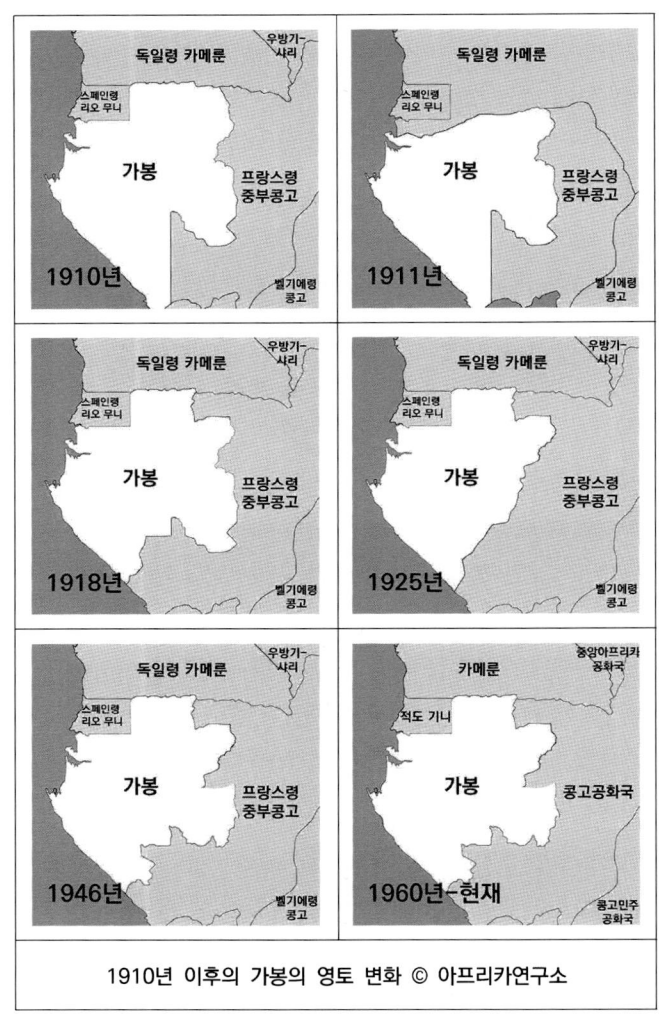

1910년 이후의 가봉의 영토 변화 © 아프리카연구소

2. 1차 세계대전 이후의 가봉

2.1. 식민지 경제의 변화

제1차 세계대전 이후 가봉의 식민지 체제가 안정적으로 강화되면서 가봉은 경제적, 사회적, 문화적으로 큰 변화를 겪게 된다. 제1차 세계대전 이전의 가봉 경제는 주로 자연 자원을 채취하여 판매하는 채취 경제였다. 채취 경제는 주로 원주민들이 원자재를 채취하고, 식민지 정부로부터 독점권을 부여받은 양허 회사들이 구입하여 판매하는 방식이었다. 이러한 경제 활동은 자본이 많이 필요하지 않았고, 일반적으로 기업주들이 생산 수단에 대해서 통제하지는 못했다. 이 시기의 핵심 자연 자원은 상아와 고무였다.

1904년 가봉 오-오구에 지역 상아 채취 ⓒ 위키커먼스

1904년 가봉 오-오구에 지역 목재 채취 © 위키커먼스

그러나 1차 대전 이후 채취 경제는 근본적으로 변화하기 시작한다. 우선 코끼리의 남획으로 인해 상아의 생산량이 급감했다. 19세기 중반 연 42톤을 넘었던 상아 생산량은 1906년경 연 35톤으로 감소한 후 1934년에는 501kg으로 급감했으며, 이후로 공식 통계에서 완전히 사라졌다. 1930년대 들어 새로운 작물 재배가 시작되었는데, 그것은 커피와 카카오 재배였다. 이미 카메룬과 스페인령 기니에서 재배되고 있던 이 두 작물은 상아나 고무 생산보다 훨씬 많은 수익을 올릴 수 있었기 때문에 가봉에 급속도로 보급되었다. 자연히 고무 생산량은 급감하게 된다.

이 시기에 시작된 또 다른 중요한 경제 자원은 오쿠메(Okoumé)[8] 목재와 광물 자원의 개발이었다. 오쿠메 나무는 19세기 말에 독일인들에 의해 그 유용성이 확인되고 벌목되기 시작한 이래 1920년대 들어서는 가봉의 주요 수출품이 되었으며, 가봉의 독립 후에도 오랫동안 이 지위를 유지했다. 고급 합판의 재료로 사용되는 오쿠메 나무들은 주로 해안 지역이나 해안 근처 지역에서 벌목되었다. 이 지역들이 원목 운송이 용이했기 때문이다.

1909년 오쿠메 나무의 벌목과 이송 © 위키커먼스

커피와 카카오는 현지 주민들이 선택해서 재배하였지만, 임업은 주로 프랑스 식민지 대기업들이 주도했다. 이 시기부터 대자본이 목재 벌목에 대규모로 투자하기 시작하면서 그때까지 농업을 주업으로 하던 많은 원주민들이 노동자가 되었다.

목재 벌목과 병행해서, 1936년부터 광업이 본격적으로 시작되었다. 광산 채굴을 위해 많은 대규모 광업 회사들이 설립

---

8) 오쿠메는 'Aucoumea klaineana'라는 학명을 가진 나무의 목재이다. 주로 가봉, 적도 기니, 콩고 공화국 등 서아프리카에서 자라며, 밝은 분홍색을 띠는 가볍고 부드러운 하드우드이다. 합판 제조에 널리 사용되며, 특히 보트 건조 등 경량화가 필요한 곳에 고급 등급의 합판으로 사용된다.

되었으며, 특히 은구니에(Ngounié) 지역의 에테케(Etéké) 금광이 유명했다. 그 외에도 은졸레(Ndjolé) 하부 지역과 오고웨-이빈도(Ogooué-Ivindo) 지역에 많은 금광들이 있었다. 1941년 가봉은 약 1,700kg의 금을 생산했으며, 이는 프랑스 적도아프리카(A.E.F.) 금 총생산량의 약 2/3에 해당하는 양이었다.

이러한 산림 및 광산 작업 현장에는 1930년대부터 15,000명에서 20,000명에 달하는 대규모 인력이 고용되었다. 광산 개발의 경우 노동자의 고용은 주로 현지 주민들에게게만 한정되었지만, 산림 작업의 경우 전국에서 노동자들의 고용이 이루어졌다. 대부분의 노동자들은 가족과 함께 수용 지역에서 정착 생활을 했다. 주거 공간은 좁고 불편했으며, 기본적인 편의 시설이 전혀 갖추어져 있지 않았다. 산림과 광산의 작업 현장에서의 모든 작업은 수작업으로 이루어졌다. 노동자들은 원주민 중에서도 자본주의적 착취를 가장 혹독하게 겪은 계층이었다.

이 기간에 해안 지역이나 주요 하천 근처 지역에 있는 주거지들이 도시화되기 시작하여 리브르빌(1만 명 이상), 포르-장티(약 8,000명), 랑바레네(1,000명 이상) 등이 가봉의 주요 도시로 성장하게 된다. 프랑스 식민지 정부는 수탈을 가속화하기 위하여 기본적인 인프라 건설에도 힘쓰게 된다. 1920년 이후 많은 도로가 개통되었고, 자동차의 사용이 점차 일반화되었다. 1929년과 1930년에는 포르-장티와 리브르빌의 옛 부두가 재개발되고 확장되어 크레인이 설치되었으며, 오고웨강과 코모

강 강변에는 무역 및 운송 회사들의 선박을 위한 소규모 항만 시설이 건설되었다. 1935년부터는 소규모지만 국내 항공 운송도 시작됐다. 그러나 대도시를 제외한 지방의 교통인프라는 여전히 열악했고, 인력에 의한 운송수단과 소규모 보트를 이용한 운송은 오랫동안 지방의 주요 교통수단으로 남아 있었다.

20세기 초 가봉의 운송수단 © 가봉 국가 기록관

1911년 가봉의 운송수단 © 위키커먼스

2.2. 사회문화적 변화

식민지 시스템이 정착되어 감에 따라 가봉 원주민 사회도 새로운 모습을 띠게 되었다. 식민지 정부의 행정 기관들이 세분화되어 설치되었고, 여기에 많은 식민지 학교 출신의 원주민들이 채용되었다. 이 과정에서 원주민 사회는 근본적인 변화를 겪으며 새로운 사회가 만들어지게 되었다. 그 이전까지의 부족 공동체 사회는 한 개인의 출생에 따른 소속이 가장 중요한 기준이었다. 그러나 자본주의 경제가 도입된 식민지 통치 시기에는 재산과 사회적 지위라는 새로운 기준이 등장하게 된다.

새로운 사회 분화의 가장 특징적인 부분은 원주민 부르주아의 등장이었다. 이들은 식민지 정부의 하급 관료, 원주민 지도자, 소규모 상인, 소규모 산림 개발자, 대규모 농장주, 지식노동자 등으로 구성되었으며, 나중에 식민지 의원들도 추가되었다. 이들은 '진보층'이라고 불렸으며, 식민지 체제 내에서 일정한 사회적 지위와 물질적 안정을 누렸다.

이 시기에 등장한 또 다른 새로운 계층은 노동자 계층이었다. 광산과 산림 공사 현장, 도시에서의 하역 작업 등 식민지 사업들은 많은 노동자를 필요로 했다. 노동자들은 원주민 부르주아들보다 훨씬 어려운 생활을 했다. 1925년에는 월급이 최고 45프랑, 1938년에는 60프랑에 불과했던 노동자들은 매우 어려운 생활을 영위했으며, 혹독한 노동 조건에 시달렸다.

그러나 가장 많은 비율을 차지했던 것은 전통적인 농민 계층이었다. 이들은 가장 빈곤한 계층이었다. 이들은 생계를 위한 농업 외에도 수익을 위한 작물 재배를 하였는데, 종종 식민지 당국이 정한 과도하게 낮은 수매가격에 생산품을 판매해야만 했다. 또한 식민지 행정부는 수시로 농민들에게 운반 노역, 노젓기, 강제 노동 또는 공납과 같은 특정 의무를 부과했고, 이는 자주 폭력적인 착취로 이어졌다.

사회적 변화를 이끈 근본적 제도는 학교였다. 선교사들에 의해 시작되었던 기독교 학교들은 기존과는 다른 세계관과 인생관을 심어주는 교육 내용을 통해 프랑스 문화의 확산과 정신 형성에 결정적인 역할을 했다.

1867년 가봉의 학교 © 위키커먼스

기독교 학교들은 기숙사 제도를 통해 아이들을 가족과 분리시키고, 본토와 동일한 교육 과정으로 교육시켰다. 처음에 원주민들에 대한 계몽의 목적으로 시작되었던 이 학교들은 시간이 지나며 가봉인들에게 사회적 상승의 유일한 수단으로 자리

잡게 되었고, '백인의 삶'으로 표현되는 물질적 풍요로움을 얻기 위한 필수적인 경로가 되었다.

기독교의 전파도 원주민 사회에 큰 변화를 가져왔다. 개신교와 가톨릭 선교사들은 토속 신앙을 부정하고 기독교를 전파함으로써 원주민 문화의 핵심까지 침투했다. 기독교는 현지 종교에는 존재하지 않았던 새로운 가치들을 전파하면서 원주민 사회에 개인주의 정신의 확산과 교육적 가치관의 변화를 크게 촉진했다. 이러한 학교의 보급과 기독교의 문화적 활동, 그리고 새로운 경제적 변화와 도시화 현상 등은 점점 더 많은 원주민들을 전통 사회에서 단절시키고 외국 문화, 특히 프랑스 문화의 영향에 노출시켰다. 이러한 사회적 변화와 더불어 문화적 동화 과정이 가속화되었다.

식민지 기간을 통해 원주민 사회에서는 원주민 부르주아를 중심으로 이전과는 다른 가치관과 사고방식이 자리 잡게 된다. 많은 원주민 부르주아들은 전통적인 공통체적 가치 대신에 개인주의적 가치를 따르게 되었으며, 이는 프랑스 문화와 생활양식에 대한 추종으로 이어졌다. 문화적 동화 과정이 가장 먼저 반영된 현상은 서양식 의복의 유행과 프랑스어 사용의 일반화였다. 초기에는 현지 지식 엘리트들의 언어였던 프랑스어는 식민지 기간에 널리 확산되었으며, 특히 식민지 민병대원, 노동자, 가사 노동자들 사이에서 '프티 네그르'(petit nègre, 작은 흑인)9)라는 변형된 프랑스어 형태로 유행했다.

프랑스어의 확산과 함께 서양식 문화에 대한 선호도 증가했다. 특히 서양식 연극과 시는 청소년 교육에서 중요한 역할을 했다. 음악과 춤은 아코디언, 기타, 색소폰, 클라리넷 등의 서양 악기와 탱고, 파소 돌블레, 왈츠, 폴카 등의 외국 리듬의 도입으로 큰 변화를 겪었다.

이러한 문화적 변화에 가장 적극적이었던 계층은 '진보층'이었다. 유럽인을 모방하는 경향이 가장 강했던 이들은 식민지 사회에서 문화적 중개자 역할을 맡았고, 이들을 대상으로 하는 '문화 서클'들이 주요 도시들에 생겨났다. 이러한 문화 서클들의 활동은 주로 아프리카 여성 교육 및 상호 지원 연합회 (l'Union Educative et Mutuelle de la Jeunesse Africaine) 의 주도로 진행되었다. 이 연합회는 1942년 2월 20일 브라자빌에서 프랑스 식민지 출신 젊은 지식인들로 구성된 단체였는데, 그중 많은 수가 가봉 출신이었다. 이 문화 서클들에서 진행된 활동들은 현지 민속 문화는 거의 없었고, 새로운 리듬의 댄스파티, 연극 공연, 시 낭송회 등이 있었다. 선거 기간에는 몇 차례의 정치 강연이나 회의도 열렸다.

그러나 도시 지역에서의 프랑스 문화의 우세 추세에도 불구하고, 당시에는 이를 전달할 효과적인 미디어 수단이 많지 않았고, 프랑스 식민 정부는 농민들의 이탈을 막기 위하여 지방에서 전통문화를 장려하였기 때문에 지방에서는 전통춤을 비

---

9) '프티 네그르'는 프랑스어를 기반으로 만들어진 단순화된 프랑스어이다. 프랑스의 아프리카 식민 통치 시절 서아프리카 원주민 군인들과 백인 장교들이 주로 사용했으며, 프랑스 식민지 원주민들 사이에도 사용되었다.

롯해 마스크를 활용한 조각, 전통 음악과 악기, 그리고 지역 언어 등 다양한 원주민 문화가 보존될 수 있었다.

2.3. 정치적 투쟁의 시작

제1차 세계대전 이후 프랑스의 식민지 지배는 갈수록 공고해졌다. 1920년대에 들어서면서 가봉에는 정치적 투쟁이라는 새로운 형태의 투쟁이 시작되었는데, 이 정치투쟁을 주도한 계층은 서구식 교육을 받은 새로운 세대였다.

1916년과 1918년에 두 개의 중요한 정치적 단체가 설립되었다. 하나는 1916년에 설립되어 장-밥티스트 은뎅데(Jean -Baptiste Ndéndé)가 이끈 '인권 및 시민권 리그 가봉 지부'(La Section Gabonaise de la Ligue des Droits de l'Homme et du Citoyen)였으며, 다른 하나는 1918년에 설립된 '가봉청년협회'(L'Association de la Jeunesse Gabonaise)였다. 이 두 단체는 식민지 행정부를 겨냥한 강경한 언론 캠페인과 다양한 정치투쟁을 이끌었다.

특히 가봉청년협회에는 미셸 팡기노베니Michel Fanguinovény)와 조셉 리딩(Joseph Reading), 레옹 음바(Léon Mba), 사무엘 아키레미(Samuel Akirémy), 베노아 오구라 이쿠아쿠아(Benoît Ogoula Iquaqua) 등 많은 활동가들이 활동하고 있었는데, 이들은 다양한 활동을 통해 프랑스 식민지 정부와 충돌했다.

| 레옹 음바 © 위키피디아 | 베노아 오구라 이쿠아쿠아
© ogoulaiquaqua.com |

인권 및 시민권 리그 가봉 지부와 가봉청년협회는 1919년과 1920년에 유럽 상품 불매운동과 국산품 애용 투쟁을 주도하여 식민지 정부에 심각한 타격을 입혔다. 이 투쟁 운동으로 인해 많은 사람들이 투옥되었으며, 두 단체의 활동가들은 지속적인 탄압을 받았다. 또한 가봉청년협회는 1922년부터 '가봉의 메아리'(L'Echo Gabonais)라는 잡지를 발행하면서 가봉 지식인 사회의 대프랑스 항쟁을 주도했다. 이 잡지의 내용은 주로 격렬하게 식민지 정권에 반대하는 내용들이었다.

20년대 반란
1922-1923년에는 동부 지역을 중심으로 여러 반란 운동이 일어났다. 1922년부터 1929년까지 미츠이크(Mitzic), 미비구(Mbigou), 오콘드자(Okondja), 라투르빌(Lastourville) 등에

서 반란이 일어났고, 특히 라투르빌에서 웡고(Wongo)가 이끈 반란은 식민지 정부에 심각한 위협을 가했다. 1928년 5월부터 1929년 8월까지 식민지 군대와의 전투를 지휘했던 웡고는 1929년 8월 포로로 잡힌 후 방기(Bangui)로 10년 추방형을 선고받았다. 그는 1930년 5월 우방기-샤리로의 이송 중 사망했다.

웡고 동상
© amazing gabon

1931년, 레옹 음바가 이끄는 비밀 조직이 동부 지역의 반란군 지도자들을 결집시켜 대규모 항쟁을 기도하였으나, 1931년 7월에 레옹 음바가 체포되면서 무산되게 된다. 레옹 음바는 1932년 우방기-샤리로 추방되었으며, 포르-장티에서 정치적 운동을 조직하기 시작한 베노아 오구라 이쿠아쿠아도 함께 추방되었다.

프랑스의 유화정책

프랑스의 식민정책에 대한 반발은 가봉만의 문제는 아니었다. 1920년대에서 1930년대 초반까지, 가봉뿐만 아니라 '프랑스 적도아프리카'(AEF)의 다른 지역에서도 정치적 반발이 심하게 일어났다. 결국 프랑스는 식민지 주민들에 대한 유화정책의 일환으로 AEF의 일부 지역 및 연방 위원회에 원주민들의 참여를 허용했다. 이에 따라 1936년부터 리브르빌 상공회의

소(Chambre de Commerce d'Agriculture et d'Industrie de Libreville)는 두 명의 가봉인을 포함하게 되었다. 그러나 이 기구에서 가봉의 원주민 사업가들은 소수파에 불과했기 때문에 의사 결정에 영향을 미치지는 못했다.

상공회의소에 원주민 대표단을 포함시킨 것은 1945년 이전에 식민지 정부가 원주민을 국가기관에 참여시킨 첫 사례였다. 그러나 기본적인 정치적 자유가 결여된 상태에서 이러한 참여는 극히 피상적인 상징적 조치에 그쳤다. 프랑스 식민역사에서 원주민들이 정치적 기구에서 가시적인 성과를 거두기 시작한 것은 식민 체제가 붕괴하기 시작했던 제 2차 세계대전 이후의 일이었다.

제7장 식민 체제의 종말

1. 가봉과 제2차 세계대전

1940년 6월 14일에 독일군이 파리에 입성하자 프랑스의 국가 원수 필립 페탱(Philippe Pétain)은 6월 22일 독일에 항복했다. 이에 따라 프랑스 북부 지역은 독일이 직접 통치했고, 남부에는 페탱에 의해 통치되는 괴뢰정부인 비시 정부(Régime de Vichy)가 수립되었다. 샤를 드골(Charles de Gaulle)은 런던으로 망명해서 망명 정부 '자유프랑스'(France libre)를 수립하고 나치에 대항했다. 이러한 프랑스 본토의 상황은 프랑스 식민제국의 지역들에도 즉각적인 영향을 주었다. 프랑스 식민지 정부의 일부는 페탱의 비시 정부를 지지하였고, 다른 식민지 정부들은 드골의 자유프랑스를 지지하게 되면서 식민제국 자체가 두 진영으로 나뉘게 된다. 프랑스령 서아프리카(Afrique-Occidentale française, AOF)는 즉시 비시 정부에 가담하였고, 프랑스령 적도아프리카 중 중부 콩고, 우방기-샤리, 차드는 1940년 8월 자유프랑스에 합류했다.

가봉의 경우 두 진영으로 나뉘어서 무력 충돌 끝에 진영이 결정되는 과정을 겪었다. 1840년 8월 29일, 가봉의 총독 마송(Masson)은 자유프랑스의 지지를 결정하고 드골에게 해당 내용을 전보로 통보했다. 그러나 리브르빌과 포르-장티의 프랑스인 커뮤니티는 비시 정부를 지지하고 있었기 때문에 마송에게 강력하게 반발했고, 다수의 압력에 굴복한 마송은 자유프랑스 지지를 철회하고 비시 정부 지지로 돌아서게 된다. 이때 가봉 식민지 정부는 카메룬을 포함한 적도 식민지 정부들 중에서 유일하게 비시 정부 편에 선 식민지 정부였다. 가봉에서 두 진영의 대립은 즉시 군사적 충돌로 이어졌다. 두 진영은 몇 번의 중, 소규모의 전투를 겪은 후에 1840년 11월 자유프랑스군이 최종적인 승리를 거둠으로써, 가봉은 2차대전 기간에 자유프랑스 지지 진영이 되었다. 이후 가봉은 드골 지지자들의 강력한 통치하에 연합군의 전쟁에 적극적으로 참여했으며, 전쟁이 끝날 때까지 자국 병력과 천연자원을 프랑스로 보냈다. 1930년대 들어 거의 중단되었던 고무 채취가 재개되었으며, 이 과정에서 수많은 학대와 강제 노동이 자행되었다. 제2차 세계대전 기간 동안 수천 톤의 고무가 프랑스로 수출되었고, 1,200여 명의 가봉 병사가 유럽 전선에 투입되었다.

2차대전 중의 아프리카 자유프랑스군과 드골 © 위키피디아

2차대전 중의 가봉의 짐꾼들 © 위키피디아

2. 2차 대전 이후의 정치적 변화

가봉에서의 전쟁으로 인한 물질적 피해는 사실 그리 크지 않았다. 전쟁 발발 직후 약 두 달간 지속된 진영 전투는 주로 도시 외곽 지역에서 벌어졌고, 인명 피해도 30여 명 정도였다. 그러나 자유프랑스군의 승리는 가봉 원주민들에게 강한 인상을 남겼다. 가봉인들에게 드골은 자신들을 위해 식민지 정부에 대항한 정의로운 존재로 비쳤으며, 이는 곧바로 드골에 대한 지지로 이어졌다. 이러한 영향력은 향후 프랑스와 독립 협상을 진행할 때 프랑스에게 유리하게 작용하기도 했다.

2차대전으로 인해 프랑스가 약화되자, 프랑스를 도와 전쟁에 참여했던 식민지들의 정치적 목소리가 커지게 되었다. 결국 프랑스는 식민지 체제의 근본적인 개혁을 할 수밖에 없었다. 1944년 1월 말, 프랑스령 적도 아프리카의 수도인 브라자빌에서 드골의 주재로 프랑스 식민지 총독들은 '브라자빌 프랑스 아프리카 회담'(1944년 1월 30일 ~ 2월 8일)을 개최하였다. 회담의 목적은 프랑스 식민지 행정의 개선을 논의하는 것이었다. 식민지 원주민들은 이 회담에 직접 참석하지는 못했지만 6개의 보고서를 제출하여 자신들의 의견을 피력했다.

브라자빌 회담 개막식에서 연설하는 드골 © 위키피디아

드골은 프랑스의 생존이 식민지의 지원에 달려있다고 생각했다. 그는 브라자빌 회담에서 강제 노동의 종식, 원주민에게만 적용되는 법적 제한 철폐, 지역 의회 설립, '프랑스 연방'에서의 대표권 부여, 아프리카인의 프랑스 국민의회 참여 등 많은 유화책을 유도해 냈다. 그러나 식민지의 완전한 독립이나 식민지 지역에 자치 정부를 허용하는 안은 거부되었다. 브라자빌 회담은 프랑스의 지속적인 식민지 통치를 전제로 한 것이었기 때문이다. 하지만 오늘날 브라자빌 회담은 프랑스 피식민지 국가들의 탈식민지화를 향한 첫걸음으로 여겨지고 있다.

실제로 전쟁이 끝날 무렵, 식민지 원주민들에게 박탈되었던 권리들이 일부 회복되었다. 1944년 8월 7일, 프랑스 식민지의 원주민들은 노동조합 결성의 권리를 획득했으며, 같은 해 11월 24일에는 언론의 자유가 부여되었다. 1945년 8월 22일과 9월 9일, 투표권이 확대되어 가봉의 선거인단은 1939년 1,030명에서 1946년 6,887명으로 증가했다. 1946년 2월에는 원주민법이 폐지되었다. 1946년 3월, 집회와 결사의 자유가 도입되었으며, 4월에는 강제 노동을 폐지하는 법이 제정되었다. 1946년 5월 7일, 프랑스 식민지 모든 국민에게 프랑스 시민권이 부여되었다.

1946년 10월 13일 채택된 프랑스 제4공화국 헌법에 따라 프랑스의 식민지들은 '프랑스 연합'(Union française)이 된다. "프랑스 연합은 한편으로는 프랑스 본토와 해외의 도 및 영토를 포함하는 프랑스 공화국에 의해 구성되고, 다른 한편으로는 해외 지역 및 연합 국가로 구성된다"는 제4공화국 헌법의 조항에 따라 가봉은 다른 식민지들과 마찬가지로 해외 지역으로 편입되었다. 이러한 변화 속에서 가봉의 내부 조직과 프랑스와의 관계도 몇 가지 혁신을 가져오게 된다.

우선 가봉은 다른 프랑스 연합 소속 식민지과 마찬가지로 프랑스 의회에 의원을 배출할 수 있게 되었다. 가봉에서는 장-

힐레르 오밤(Jean-Hilaire Aubame) 이 1946년 프랑스 국회의원으로 선출되어 두 번의 재선을 통해 1958년까지 재임했다. 그 외에도 프랑스 의회에 프랑스 연합 자문관으로 가봉인이 참석했다.

장-힐레르 오밤
© 위키피디아

가봉에서는 '대표 의회'(Conseil représentatif)로 불리는 지역 의회를 구성했는데, 1951년에 '지역 의회'(Assemblée territoriale)로 명칭이 변경되었다. 이 의회는 5년 임기의 선출된 의원들로 구성되었으며, 두 개의 의회로 나뉘어져 있었다. 하나는 프랑스 시민을 위한 것이었고, 하나는 원주민을 위한 것이었다. 그러나 이 의회는 순수한 자문 기구로서, 경제 및 사회 문제에 한정된 의견을 제시할 수 있었지만, 총독이 그 의견에 따라야 할 의무는 없었다.

한편 프랑스 연합 차원에서는 가봉은 브라자빌에 위치한 프랑스 적도아프리카 대의회(Le grand conseil)에 5년 임기의 5명의 의원을 참석시켰다. 대의회는 지역 총독 대표자 회의나 지역 의회와 동일한 역할을 수행했다. 이러한 새로운 정치기관의 운영은 가봉 내부의 정치적 활동을 활성화시켰으며, 그것은 주요 정당의 창당과 가봉 국민의 식민지 정권에 대한 투쟁으로 이어졌다.

3. 2차 대전 이후 가봉의 경제 상황

제2차 대전 이후, 가봉의 경제는 여전히 목재를 비롯한 몇 가지 원자재의 채집과 수출에 의존했다. 그러나 세부적인 항목과 규모 면에서 가봉 경제는 변화를 겪기 시작했다.

제2차 대전 기간 중 고무 채집이 잠시 재개되었지만, 전쟁 후에는 상아와 고무 등 전통적 무역 상품들은 가봉의 생산품 목록에서 완전히 사라졌다. 반면 목재 산업은 오쿠메 목재의 벌목이 점차 기계화되면서 대규모로 성장했다. 대규모화된 목재 산업에 자본이 열악한 사업자들은 접근하기 어려웠기 때문에 원주민들은 주로 노동자로 참여했다. 대신 원주민들은 소규모 자본으로 할 수 있었던 커피와 카카오 생산에 집중했다. 커피와 카카오는 1930년대부터 경작되고 있었지만, 전쟁 이후 가격 상승으로 경작 면적이 획기적으로 늘어났다. 1936년 733톤이던 카카오 생산량은 1954년 2,520톤으로 증가했으며, 커피 생산량은 1933년 411kg에서 1953년 360톤으로 증가했다. 1957년 커피 생산량은 632톤에 달했으며, 카카오 생산량도 2,000톤 이상을 계속 유지했다.

광업 분야에서는 매장량 고갈과 세계 시장 가격 하락의 영향으로 금 생산량이 지속적으로 감소했다. 1941년 약 1,700kg의 금을 생산했던 가봉의 금광업은 1958년에는 생산량이 500kg 아래로 떨어졌다. 그러나 1950년대 동안 가봉에서 석유, 철광석, 망간, 우라늄 등 다양한 자원이 발견되어서

광업 분야는 여전히 매우 유망한 산업이었다. 특히 1955년부터 생산이 시작된 석유는 정치적 혼란에도 불구하고 오랫동안 가봉의 경제를 떠받친 핵심 자원이었으며, 가봉을 아프리카 국가 중에서 1인당 GDP 최상위층으로 끌어올린 일등 공신이었다. 반면에 역설적으로 가봉의 다른 산업의 발전을 막은 장애물이기도 했다.

50년대 가봉의 원유 시추 시설 © 위키커먼스

전쟁 이후에는 원자재 가공 시설도 일부 건립되었다. 은구니에 지역에는 소규모 기름 공장, 동부 지역과 포르-장티에는 목재 가공 공장, 합판 공장 등이 설립되었다. 이때부터 포르-장티는 점차 가봉의 주요 경제 도시로 자리매김하게 된다.

4. 2차 세계대전 이후 가봉의 정치적 변화

4.1. 정당의 설립과 활동

2차 세계대전 이후 경제 활동의 발전으로 가봉의 노동자 수는 크게 증가했으며, 1953년에는 2만 명을 넘어섰다. 동시에 전체 인구의 평균 교육 수준은 교육의 진전으로 지속적으로 향상되었다. 교육률은 1951년 27%에서 1959년 74%로 상승했다. 그러나 무엇보다도 중요했던 것은 1945년부터 1960년 사이에 가봉 내에서 설립된 수많은 고등학교에서 교육을 받은 중등 교육 과정을 이수한 관리층이 증가했다는 점이다. 행정 기관과 민간 부문에서 활동한 이 지적 엘리트들은 정치와 노동 운동의 주역이 되었다.

2차대전이 끝난 후 가봉에는 3개의 정당이 창설되었다. 1946년 에밀 이셈베(Emile Issembé)에 의해 가봉민주당(Parti Démocratique Gabonais, PDG)이 설립되었고, 레옹 음바(Léon Mba)가 가봉혼합위원회(Comité Mixte Gabonais, CMG)를 설립했다. 1947년에는 시마 엔제마(Sima Enzema)가, 가봉민주사회연합(l'Union Démocratique et Sociale Gabonaise, UDSG)를 설립했다.

1953년 8월 가봉민주당(Parti Démocratique Gabonais)과 가봉혼합위원회(Comité Mixte Gabonais)가 합병되어 '가봉민주블록'(Bloc Démocratique Gabonais, BDG)이 되

었는데, 가봉민주당을 이끌던 폴 곤주(Paul Gondjout)가 당 대표를, 가봉혼합위원회를 이끌던 레옹 음바가 부대표를 맡았다. 레옹 음바는 이때부터 자신의 영향력을 전국으로 확대하게 되었고, 1956년 리브르빌 시장으로 선출되었다.

폴 곤주
© 위키피디아

1957년 이전까지의 정당 활동은 비교적 제한적이었다. 이때까지 정당들은 주로 선거 기간에만 활동했으며, 평상시에는 특별한 활동이 없었고, 뚜렷한 정치적 노선도 없었다.

그러나 1956년 6월 프랑스 국회가 가스통-데페르 기본법(Loi-cadre Gaston Defferre)을 통과시키자 상황은 완전히 바뀌었다. 가스통-데페르 기본법은 프랑스 해외 영토의 행정 제도의 근본적 개혁을 위한 법이었는데, 법안의 핵심은 각 식민지에 지방 행정부를 설립하고 이 행정부의 구성을 식민지 의회에서 다수당을 차지한 정당이 담당하도록 하는 것이었다. 또한 이를 위해 단일 선거구와 보편적 선거권을 도입했다. 이 조치들은 식민지 정당들에게 실질적인 권력 장악의 수단이 되었고, 가봉의 정치에도 근본적인 변화를 가져왔다. 1957년 이전에는 단순히 대외적인 선거를 위해 존재했던 정당들은 정권 쟁취를 위해 활발히 활동하는 조직으로 변모했다.

가스통-데페르 기본법이 실시된 후 처음으로 가봉에서 실시되었던 1957년 3월 31일 지역의회 선거는 가봉의 실질적 권력을 놓고 대결하는 선거였다. 장-힐레르 오밤이 이끄는 가봉민주사회연합과 폴 곤주와 레옹 음바가 이끄는 가봉민주블록은 선거 기간 동안 치열한 선거전을 펼쳤는데 전체적인 분위기와 물량면에서 가봉민주사회연합의 우세였다. 개표 결과 가봉민주사회연합은 18명의 당선자를 배출하였고, 가봉민주블록은 16명의 당선자를 배출하는데 그쳤다. 그러나 레옹 음바는 지역의회가 개회되기 전에 무소속으로 당선된 의원들을 접촉해 장관직을 약속하는 대가로 그들을 가봉민주블록에 입당시켰다. 결국 1957년 5월 지역의회가 개회되었을 때 가봉민주블록은 21명의 의원을 확보해 의회 다수당이 되었다. 가봉민주블록은 의회 다수당이 되어 정부를 구성할 권리를 획득했으며, 선거에서 승리한 가봉민주사회연합은 권력 획득에 실패하게 되었다.

가봉민주블록은 1957년 5월 15일 지역 의회 사무국을 구성하고 폴 곤주가 의장에 선출되었지만, 비정상적인 방법으로 권력의 행방이 결정된 가봉 지방의회는 이후 극심한 혼란을 겪게 된다. 장-힐레르 오밤을 위시한 가봉민주사회연합은 가봉민주블록이 구성한 내각에 대하여 즉각적으로 반발하였고 가봉 내 정치적 긴장이 고조되었다. 결국 1957년 5월 28일 의장인 폴 곤주는 의회의 휴회를 결정했다. 실질적으로 소수파였던 가봉민주블록은 의회 내에서 안정적인 다수파를 확보할 수 없었기 때문이다. 의회 휴회기간 동안 두 정당의 성명서 전쟁이 벌어지며 국가 내 정치적 긴장이 고조되었지만 결국 1958년 들어 내각에 일부 중립적인 인물들이 들어서면서 위기는 어렵게 봉합되게 된다.

이 위기는 가봉 부르주아의 두 파벌이 프랑스가 포기한 권력을 차지하기 위한 투쟁의 절정이었고, 그 결과는 국가를 깊은 혼란에 빠뜨렸다. 그러나 다행히도 정치적 논쟁이 부족 간 투쟁으로 번지지는 않았고, 선거는 정상적으로 진행되었다. 또한 두 정당 모두 팡족 출신 지도자가 이끌었지만, 어떤 정당도 단일 민족으로만 구성되지는 않았다. 두 정당 모두 다양한 민족 그룹 출신 활동가와 지지자들을 포함했으며, 이들 모두 자신들의 의견을 자유롭게 표현할 수 있었기 때문에 정치적 위기가 파국으로 치닫지는 않았다.

4.2. 노동조합의 등장

정치 활동과 함께 노동조합의 활동도 시작되었다. 노동조합 결성의 권리가 부여되자, 가봉의 노동자들은 즉시 자신들의 이익을 보호하기 위해 조직을 결성하기 시작했다.

1944년 10월 리브르빌에서 첫 번째 노동조합인 프랑스 기독교 노동자 연합(Confédération Française des Travailleurs Chrétiens)이 만들어졌으며, 1945년 일반 노동자 연합(Confédération Générale du Travail)이 창립되었다. 그 외에도 많은 군소 노동조합들이 난립하였는데, 이들은 1949년 노동조합 연합(Union Régionale des Syndicats)으로 통합되었다.

　가봉의 노동조합 조직들은 1944년부터 1960년까지 활발한 활동을 펼쳤으며, 근로자의 노동 조건과 생활 환경 개선을 위한 투쟁으로 식민지 정부를 강하게 압박했다. 주목할 만한 노동 투쟁으로는 1947년-1948년 지역 수당 인상 투쟁, 1952년 12월에 채택된 노동법 적용 투쟁, 1957년-1958년 임금 인상 투쟁 등이 있다. 이 투쟁 동안 노동자들은 종종 승리를 거두기도 했으나, 대부분의 투쟁에서 혹독한 탄압을 받았다.

　노동조합들의 활동은 가봉의 정치적 변화의 주요 동력 중 하나였다. 가봉의 노동조합 활동은 1944년부터 1960년까지 점차 정치화되었으며, 정치적 행동의 강력한 지지 세력이 되었다. 실제로 정치 조직과 노동조합의 지도자가 동일인인 경우도 많았다. 노동조합들의 활동으로 인해 정당의 대중적 기반이 확대되고 식민지 지배에 대한 투쟁의 효율성이 높아지는 상승효과가 일어났다.

　외국에 있는 가봉의 젊은 유학생들도 식민지 억압에 맞서기 위해 학생 운동을 벌였다. 가봉의 학생 운동은 특히 프랑스에서 조직적으로 일어났는데, 1950년 '프랑스 흑아프리카 학생 연맹'(Fédération des Etudiants d'Afrique Noire en France)의 지역 지부로 설립된 '가봉 학생 협회'(Association des Etudiants Gabonais)가 그 중심이 되었다.

　이들은 전단 살포, 항의 전보 발송, 공식 행사 보이콧, 정보

캠페인, 프랑스 해외 영토부 앞 시위 등 다양한 활동을 통해 식민지 당국과 프랑스 부역자들에게 항의했다.

4.3. 가봉의 독립

가봉에서 정치적 투쟁과 노동조합의 투쟁이 격화되는 동안, 프랑스는 다른 식민지에서도 고조되는 저항에 맞서고 있었다. 1954년, 프랑스는 인도차이나에서 참담한 군사적 패배를 겪었고, 알제리에서는 잔혹한 민중 전쟁이 발발했으며, 냉전시대의 두 초강대국인 미국과 소련은 서로 다른 이유로 식민지 지배의 해체에 점점 더 긍정적인 태도를 보이기 시작했다. 이러한 상황에서 프랑스가 식민지 지배 완화 조치로 1956년 시행한 가스통-데페르 기본법만으로는 식민지 문제를 해결할 수 없었다. 프랑스로서는 식민지와 해외 영토의 문제에 대해서 새로운 해결책을 제시해야만 했다.

1958년 프랑스 제5공화국 대통령이 된 드골은 식민지 문제를 해결하기 위해서 프랑스 공동체(Communauté française)라는 새로운 기구의 창설을 제안했다. 프랑스 공동체의 내용은 기존의 프랑스 연합의 국가들을 하나의 공동체로 묶어 각 식민지 국가들이 독립에 준하는 광범위한 자치를 누리되 외교, 국방, 경제 정책, 통화 문제 등은 공동체가 관할하는 것을 골자로 하는 것이었다. 공동체의 의장은 프랑스의 대통령이었다. 드골은 이러한 내용의 헌법 개정안을 1958년 9월 28일에 국민투표에 부쳤고, 프랑스 연합의 식민 지역들에게 각자 국민투표를 통해서 공동체 가입 여부를 결정하라고 했다. 공동체에 찬성하면 공동체 회원으로 남고, 반대하면 그 즉시 독립할 수 있었다. 이미 프랑스와 정치적, 경제적으로 긴밀한 관계에 있던 아프리카 식민지들은 홀로서기식 독립이 부담스러웠기 때문에 프랑스령 기니를 제외하고 모두 찬성표를 던졌다. 반대를 선택한 기니는 1958년에 독립했다. 프랑스는 즉시 기니의 자국 공무원과 기술자들에게 귀국 명령을 내렸고, 생산장비들을 철수시켰다. 그리고 경제적 유대 관계를 끊었다.

가봉은 여당인 가봉민주블록과 야당들 사이의 치열한 갈등 끝에 국민투표에서 찬성을 선택하였다.[10] 1958년 11월 28일, 브라자빌에서 열린 입법 의회는 만장일치로 가봉을 '공동체 회원국'으로 선포했다. 이는 실질적인 가봉 공화국의 탄생을 의미하는 것이었다. 가봉의 헌법은 1959년 2월 19일에 채택되었고, 레옹 음바는 정부 수반인 총리가 되었다. 그러나 프랑스 공동체 가입을 이끌어낸 가봉민주블록은 여전히 정치적 소수파였고, 야당과 국민들은 가봉의 완전한 독립을 강력하게 요구했다.

결국 1960년 대부분의 프랑스 아프리카 식민지들이 독립하기 시작하자, 레옹 음바도 프랑스와의 우호 속에서 가봉의 완전한 독립을 추진할 수밖에 없었다. 1960년 7월 15일, 파리에

---

10) 가봉민주블록의 지도자였던 레옹 음바는 처음에는 가봉이 프랑스 해외 영토가 되어 프랑스의 일부가 되기를 원했다. 그러나 이 안은 드골을 위시한 프랑스 정부에 의해 거부되었다.

서 권한 이양 및 협력 협정이 체결되었고, 1960년 8월 17일, 레옹 음바가 임시 국가 원수로 취임하며 가봉의 독립이 공식 선포되었다.

1960년 가봉의 독립협상 대표단© Mémorial du Gabon

레옹 음바와 미셸 드브레 프랑스 총리의 조인식
© Archives JA

제8장 제1공화국

1960년 8월 17일, 가봉은 새로운 시대를 맞이했다. 이 당시 가봉의 국가 경제 전망은 매우 밝았기 때문에 국민들은 더 많은 복지와 행복을 기대했다. 실제로 1961~1962년부터 망간과 우라늄과 같은 새로운 자원이 개발되기 시작했으며, 석유가 점점 더 중요한 역할을 차지하게 되어 국가에 중요한 외화 수입원을 제공했다.

그러나 가봉의 독립은 식민지 지배국인 프랑스와의 협력을 조건으로 이루어졌기 때문에, 기존 상황은 근본적으로 변하지 않았다. 행정 기관에서 프랑스인 대신 가봉인들이 관리직을 맡게 되었지만, 경제의 거의 모든 분야가 프랑스의 기술 지원과 자본에 의존하고 있었기 때문에 프랑스 기업들은 모든 분야에 걸쳐 여전히 강력한 영향력을 행사했고, 프랑스는 경제적 의존 상태를 기반으로 가봉의 정치에 큰 영향을 미쳤다.

또한 사회의 모든 계층에서 식민지 시대의 유산인 프랑스 의존적 사고방식을 가지고 있었고, 이는 공공의 이익에 대한 무관심으로 요약될 수 있는 다양한 문제를 초래했고, 국가 발전에 매우 해로운 영향을 미쳤다.

가봉은 1960년 독립 이후 성격이 다른 두 번의 독재 정권을 겪게 된다. 그 결과 경제적 발전에도 불구하고 극심한 빈부 차와 지역 간 불균형이라는 문제를 안게 된다.

1. 1960년 12월 위기

1960년 8월 17일 가봉이 독립하자 국회가 구성되었고, 가봉민주블록(BDG)의 또 다른 지도자였던 폴 곤주가 국회의장이 되었다. 행정부의 레옹 음바와 입법부의 수장 폴 곤주는 권력의 실질적 행방을 두고 첨예하게 대립했다. 폴 곤주는 총리 임명을 의회 승인에 종속시키고, 의회가 총리와 내각을 불신임시킬 수 있는 입법부 우위의 체제를 주장했고, 레옹 음바는 행정부가 입법부보다 우월한 지위를 갖는 대통령제를 주장했다. 긴장된 분위기에서 야당인 가봉민주사회연합의 리더인 장-힐레르 오밤의 중재로 1960년 11월 4일, 새로운 헌법이 채택되었다.

새로운 헌법에 따르면 정부 내각의 구성은 의회와 협의하여 이루어져야 했다. 그러나 레옹 음바는 의회를 무시하고 야당과 협상을 마무리하지 않은 채, 1960년 11월 9일 일방적으로 내각 개편을 단행했다. 이에 폴 곤주를 포함한 의원들이 반발하여 총리에 대한 불신임 결의안을 준비했다. 하지만 레옹 음바는 1960년 11월 16일 리브르빌 지역에서 6개월간 비상사태를 선포하고 폴 곤주와 그의 지지자들을 음모 혐의로 체포하고 다음날 의회의 회기를 조기 종료시켰다. 이로서 레옹 음바는 자신의 가장 강력한 정치적 라이벌을 제거하는 데 성공했다. 식민지 시절 최고 권력이 식민지 지배자인 프랑스에 있었을 때는 가봉민주블록(BDG)의 공동 지도자였던 두 사람의 평화로운 공존이 가능했지만, 독립이 되고 최고 권력을 누가 차지하느냐 하는 문제가 되자 이는 예견된 일이기도 했다.

폴 곤주가 정치적으로 제거되자, 레옹 음바의 대중적 기반은 심각한 타격을 입었다. 모든 정치인들과 가봉 국민들이 레옹 음바를 비난했으며, 레옹 음바로서는 자연히 정권의 합법성을 확보하기 위한 대통령 선거에서 승리할 가능성이 희박해졌다. 이러한 상황에서 레옹 음바는 가봉민주사회연합(UDSG) 지도자였던 장-힐레르 오밤에게 접근해 두 당 간의 협정을 제안했고, 2달간의 협정 끝에 '국민 연합'(Union nationale)이라는 이름의 단체가 탄생했다. 서로의 정치적 계산에 의한 국민 연합의 지원 아래 레옹 음바는 1961년 2월 12일 대통령 선거에서 압도적인 지지율로 가봉 초대 대통령으로 당선되었다. 1961년 2월 17일 통과된 새 헌법에 따라 가봉에 대통령제가 도입되었고, 국민 통합 정부가 구성되었다. 내각에는 야당 소속 국무위원이 4명 포함되었다. 이 내각의 구성은 전반적으로 가봉 국민들로부터 긍정적으로 받아들여졌으며, 2년간은 모든 것이 원활하게 진행되었다. 그러나 레옹 음바는 단일 정당 체제라는 자신의 계획을 포기하지 않았다.

1963년 1월 말부터 레옹 음바는 야당과 단일 정당 체제로의 변화를 위한 협상을 진행하였다. 그러나 협상이 원활히 진행되지 않자, 1964년 1월 21일 의회를 해산하고 1964년 2월 23일 국회의원 선거를 실시할 것을 발표하였다. 그러나 새로운 국회의원의 선거의 출마 조건은 야당에게 일방적으로 불리한 조건이었다. 각 정당은 47명의 후보 명단 제출 후 24시간 이내에 후보 일 인당 5만 프랑, 총 235만 프랑의 보증금을 납부해야 했다. 국가 공공 기관의 직위를 가진 사람은 선거 6개월 전에 사임해야 했는데, 이는 야당의 주요 인사 대부분을 사실상 배제시켰다. 야당은 이러한 급작스럽게 변경된 선거 출마 조건을 충족시키지 못하고 후보 명단을 제출하지 못했고, 여당인 가봉민주블록(BDG)만이 단독으로 출마하게 되었다.

이러한 조치에 대해 전국적으로 정치적 분위기는 극도로 악화되었고, 레옹 음바를 독재자로 비난하는 여론이 치솟았다. 군대 내에서는 이미 수개월 전부터 자신의 처지에 불만을 품은 병사들과 하급 장교들 사이에서 불만이 확산되고 있었다. 이는 결국 군부 쿠데타로 이어졌다.

2. 1964년 쿠데타

1964년 2월 17일 밤, 가봉군의 하급 장교들이 대통령궁을 점거하여 음바 대통령을 체포했다. 쿠데타군은 리브르빌에 있던 정부 구성원들도 모두 체포하였다. 2월 18일 오후 혁명위원회(Comité Révolutionnaire)는 임시 정부를 구성하고 장-힐레르 오밤을 임시 정부 총리로 추대했고, 폴 곤주는 국가 장관 겸 재무부 장관으로 임명되었다. 쿠데타는 무혈로 이루어졌으며 가봉 국민들은 암묵적인 지지를 보냈다.

그러나 가봉을 아프리카 대륙의 군사적·경제적 요충지로 여기고 있던 프랑스는 즉각적으로 군사 개입을 했다. 프랑스군은 쿠데타 발발 다음 날인 2월 18일 오전부터 리브르빌 공항 주변에 집결해서 2월 19일 새벽, 그들은 쿠데타 세력의 진지를 공격했다. 진압은 하루만인 오후 5시경 대통령궁까지 함락하며 마무리되었다.

혁명위원회의 생존자들과 군인, 임시 정부 구성원들이 동시에 체포되었다. 레옹 음바는 쿠데타군에 의해 랑바레네로 이송되었으나, 2월 19일 밤 리브르빌로 돌아왔다. 그는 쿠데타 세력들에게 용서도 자비도 없을 것이라고 선언했다. 국회의원 선거는 연기되어 1964년 4월 12일 실시하기로 했다. 가봉의 국내 상황은 극도로 경색되었다. 노동자들의 파업과 중등학교 학생들의 수업 거부, 리브르빌에서의 소요 사태가 잇달았다.

3. 1964년 4월 선거와 쿠데타의 여파

1964년 4월 12일 국회의원 선거가 실시되었다. 쿠데타의 여파로 출마 조건이 완화되어 야당 소속 후보자들도 출마할 수 있었지만, 전체적으로는 여전히 야당에게 불리한 구조였다. 개표 결과 47개의 의석 중 가봉민주블록(BDG)과 그 지지자들이 50.38%의 득표율로 31석을 차지했으며, 가봉민주사회연합(UDSG)는 49.62%의 득표율로 16석을 차지했다. 선거 후, 1964년 4월 26일 새로운 정부가 구성되었다. 쿠데타 이전의 정부와 달리, 이 정부에는 정치인으로 알려지지 않았던 젊은 간부들이 상당수 포함되었고, 행정은 점차 정상적으로 돌아가기 시작했다.

그러나 레옹 음바는 이때부터 본격적인 독재의 길로 접어들었다. 쿠데타 이후 음바는 불법적인 체포와 고문을 수시로 자행했으며, 가봉 국민들은 불법 체포와 다양한 학대의 공포에 시달리고 된다. 신규 모집된 대통령 경호 대원들은 '고릴라'라고 불리며 공포 분위기를 조성했다. 이러한 분위기는 2년 후까지 지속되었다. 쿠데타의 여파로 반대 세력이 제거되고 공포 분위기가 조성되자 많은 사람들이 탄압에 대한 두려움과 기회주의적 동기로 인해, 가봉민주블록(BDG)에 대거 가입했으며, 가봉민주블록은 점점 더 '국민당'으로 불리게 되었다.

그러나 쿠데타 사건 이후 레옹 음바는 점점 더 은둔적이 되었다. 그는 프랑스군의 보호를 받는 대통령궁에만 머물렀으며 건강도 점점 악화되어 갔다. 결국 음바는 암 진단을 받고 1967년 11월 28일에 사망했다. 그가 사망한 후 프랑스의 지원을 받는 부통령 알베르-베르나르 봉고(Albert-Bernard Bongo)가 대통령직을 계승하게 된다.

4. 제1공화국 시기의 사회와 문화

　가봉이 독립한 직후 정권을 장악한 레옹 음바의 집권 초기, 가봉의 문화 사회계는 비교적 안정적인 상태였다. 레옹 음바는 집권 직후에는 공공의 이익을 존중하는 통치를 표방했고, 국민적 지지도 상당히 높은 편이었다. 경제 분야에서도 우라늄과 망간 채굴이 시작되고 목재 생산이 증가하면서 국가 예산이 지속적으로 증가했다. 이 시기에 철도, 항구, 수력 발전소 등 국가적 프로젝트들이 착공되었다.

　이러한 분위기에서 가봉의 사회·문화계도 일정 수준의 발전을 도모하게 된다. 사회 분야에서는 프랑스가 남긴 제도들이 계속 유지되었지만, 가봉의 상황에 맞게 발전되어 갔고, 가봉 국민의 생활 수준도 조금씩 향상되었다. 학교 교육 과정은 프랑스와 동일했으며, 청소년의 교육률은 80%를 넘어섰다. 국가 의료 체계도 비교적 안정적으로 유지되었고 약품 공급이 원활한 병원들은 주민들에게 무료 의료 서비스를 제공하기도 했다. 여성의 지위도 크게 향상되어서, 더 많은 소녀들이 중등 및 고등 교육에 접근할 수 있게 되었다. 군대와 경찰 등 이전에는 남성만 허용되던 분야에 여성들이 진출했고, 행정 기관의 주요 직위에도 여성들이 임명되었다.

　열렬한 프랑스 추종자였던 레옹 음바는 문화 분야에서 프랑스의 영향력을 막기 위해 어떠한 조치도 취하지 않았으며, 가봉인들은 두 개의 조국, 즉 프랑스와 가봉을 가지고 있다고 자주 말했다. 레옹 음바는 '가봉 선사 및 원시 역사연구협회'를 지원함으로써 고고학 연구를 장려하기도 했다. 1967년 리브르빌에 '예술과 전통 박물관'이 설립되었고, 이 박물관은 원주민 문화의 다양한 측면을 소개했다. 특히 1920년대 말링가 지역에서 발생한 '음비구 돌 조각 예술'을 대중에게 널리 알렸다.

현대 음악 분야에서는 가수 폴 에코미(Paul Ekomie)가 가봉의 정체성을 표현하는 노래를 발표하는 등 조심스러운 변화의 움직임이 나타나기 시작했다. 문학계에서는 안드레 라폰다-워커(André Raponda-Walker)와 폴-뱅상 푸나(Paul-Vincent Pounah) 등이 에세이를 발표했고, 극작가 뱅상 드 폴 은욘다(Vincent de Paul Nyonda), 시인 은두나 데페노(Ndouna Depenaud), 음베(Mvet) 연주자 필립 은동(Philippe Ndong)도 활발히 작품을 발표했다. 1961년에는 배우 출신 감독 필리프 모리(Philippe Maury)가 감독한 가봉 최초의 장편 영화 '새장'(La Cage)이 개봉되었다.

제9장 제2공화국

1. 신정권의 위치 설정

  알베르-베르나르 봉고는 1967년 12월 권력을 승계받았을 때 대중적 기반이 전혀 없었다. 적어도 가봉 국민들에게 그는 낯선 인물이었다. 이에 봉고는 자신은 국가의 경제적·사회적 발전을 촉진하는 것을 첫 번째 목표로 삼았으며, 정신적으로는 전임 정권을 계승하지만, 방법론적으로는 그렇지 않다는 점을 강조했다. 그가 집권한 후 첫 몇 달 동안 공공 행정의 연속성을 강조하면서도 새로운 스타일을 예고하는 중대한 조치들이 취해졌다. 1967년 12월 15일, 봉고는 전 정권하에서 가택 연금 및 국가 불명예 처분을 받은 모든 사람에 대한 사면 조치를 발표했다. 이 정치범 석방 조치는 레옹 음바의 독재 정권하에 고통받고 있던 가봉 국민들에게 큰 환영을 받았다. 이 조치는 봉고

알베르-베르나르 봉고
© 위키커먼스

에게 '통합자'라는 이미지를 부여해 국민들로부터 큰 신뢰를 얻게 했고, 일반 대중은 젊은 권력자의 열정과 연설로 인해 변화를 확신하며 지지를 보냈다. 그러나 봉고는 오래지 않아 서서히 독재의 길로 들어섰다.

2. 단일 정당 창당과 그 지배력 강화

1968년 3월 봉고는 다당제를 공식적으로 폐지하고 가봉민주당(PDG)만을 합법적인 정당으로 인정하는 법령을 발표했다. '대화, 관용, 평화'라는 슬로건을 내세운 단일 정당의 체제는 진정한 독재 체제로 가는 길이었지만, 레옹 음바의 독재 기간 동안 공포에 시달리던 가봉 국민들에게 대체로 긍정적

가봉민주당 엠블럼
© 위키커먼스

으로 받아들여졌다. 많은 사람들이 '국가 통합과 민족 차별 폐지의 보증인'으로 인식된 가봉민주당에 가입했다.

단일 정당인 가봉민주당은 정치국, 중앙위원회, 기초위원회, 여성 및 청년 조직 등으로 구성된 공산당 모델을 강하게 따르는 구조를 갖추었고, 국가 생활에서 점차 중요한 역할을 차지하게 되었다. 정권 초기 대화와 관용의 실천은 매우 빠르게 사라졌고, 당에 속하지 않은 모든 사람을 체계적으로 반대 세력으로 간주하고 공직에서 배제하는 경향이 점점 더 강해졌다.

이러한 일당 체제는 시간이 지나면서 봉고의 정권을 공고히 했으며, 서서히 가봉을 독재 체제로 이끌어 갔다. 가봉민주당 당원이 아니면 어떠한 공직을 얻을 수 없었고, 일상생활에서 많은 제약을 받았다. 심지어 나중에는 가봉의 모든 노동자들은 월급에서 가봉민주당 당비를 직접 공제했다. 봉고에 대한 개인

숭배도 발전해 나갔다. 봉고는 자신의 이름이나 부모의 이름을 공공건물이나 기관에 붙이고, 수도에 자신의 동상을 세웠다. 각종 공식 연설에서는 경쟁적으로 봉고의 이름이 언급되었으며, 여성 단체와 가수들은 노래로 봉고를 찬양했다. 가봉의 가장 중요한 축제는 3월 12일, 가봉민주당 창당 기념일에 열리는 당 축제였고, 이 축제에 참석하는 것이 직장에서 승진하는 가장 확실한 방법 중 하나가 되었다.

3. 석유 붐과 경제 도약

초기에 대중적 기반이 전혀 없던 지도자가 빠르게 독재 체제를 구축하고 자신의 의지대로 행동할 수 있었던 것은 집권 초기의 예외적인 경제 상황 덕이었다. 가봉의 경제 발전 임무를 수행하는 과정에서, 봉고 정권은 초기에는 예외적인 우호적 조건의 결합으로 인해 몇 가지 주목할 만한 성과를 달성할 수 있었다.

1970년대 들어서 가봉 경제에 극적인 변화를 가져온 것은 석유였다. 독립 이후로도 한동안 가봉의 주요 수출품이었던 목재는 반세기 이상 국가 수입의 주를 이루었으나 1970년대 초반에 이르러서는 점차 국가 수입에서의 비중이 감소했다. 그러나 1957년 처음으로 가봉에서 석유가 개발된 이후 석유는 가봉의 수입 구조를 완전히 바꾸어 놓았다. 원유 생산량은 꾸준히 증가해 1965년에는 연 100만 톤을 넘어섰고, 1969년에는 연 400만 톤을 돌파했다. 그러나 이때까지 원유 가격은 매우 낮았기 때문에 국가 GDP에서 원유 수출이 차지 하는 비중은 크지 않았다. 1973년 '제1차 석유파동'이 발발하면서 상황이 급변했다. 세계 시장에서 원유 가격이 급등하자 가봉의 석유 생산량은 해상 유전의 개발과 함께 급증했다. 1974년부터 생산량은 1천만 톤을 넘어섰으며, 가봉은 1975년 석유 수출국 기구(OPEC)에 가입했다. 원유 생산량은 1977년까지 1천1백만 톤을 유지했다. 국가 GDP는 1973년 370억 프랑에서 1977년 2,280억 프랑으로 4년 만에 6배 이상 급증했다. 석유와 함께 우라늄과 망간 광산도 큰 성장을 이루었다. 지하자원의 개발로 인한 수입으로 인구 1백만 명 미만의 가봉은 단시간에 아프리카의 부국으로 발돋움하게 된다.

대규모 외화 유입은 국가가 매우 야심 찬 경제 정책을 추진할 수 있게 했다. 레옹 음바 통치 기간에 시작되었던 오웬도(Owendo) 항구와 킹기엘레(Kinguélé) 수력 발전소 건설이 완공되었으며, '트랜스가봉'으로 명명된 철도 공사도 시작되어 큰 문제 없이 완료되었다. 경제 자유화를 선택한 봉고 정권은 외국 자본, 특히 프랑스 자본의 투자를 적극 유치했다. 이에 따라 여러 외국 기업이 가봉에 진출해 산업화가 일부 진전되었다. 병원, 학교, 스포츠 시설 등 중요 사회 인프라가 건설되었고, 국민의 평균 생활 수준도 크게 향상되었다.

그러나 이 열광의 시기 동안 경제 발전과 함께 다양한 문제들이 발생했다. 가봉의 경제 발전은 무질서한 방식으로 진행되었으며, 경제 발전의 혜택은 리브르빌, 포르-장티, 프랑스빌 세 도시에만 집중되었다. 리브르빌과 포르-장티에서는 대규모 행정 및 상업 건물들이 세워졌고, 부유한 주거 지역과 화려한 별장들이 들어섰다. 반면 내륙 지역들은 열악한 도로망으로 인해 거의 발전하지 못했으며, 오히려 점점 가속화되는 농촌 인구 유출로 인해 쇠퇴해 갔다. 지방의 인구 유출은 대도시의 인구를 급증시켰다. 도시 지역에는 가봉과 아프리카 다른 국가 출신의 다양한 인종과 계층의 사람들이 모여들었다. 이들은 합법적인 직업부터 불법적인 직업까지 다양한 활동을 했고, 이에 따라 도시 지역에서의 범죄율이 급격히 증가했다.

또한 이 시기에 관리들의 부패가 본격적으로 시작되었다. 국가 관리들은 다양한 방법으로 국가 자금을 유용하거나 외국 기업인들로부터 뇌물을 받았다. 국가의 최고 권력층도 이 약탈에 참여했다. 1979년에 드러난 초대형 관세청 스캔들은 이미 수년간 국가의 다양한 경제 및 행정 분야에서 진행되어 온 상황을 반영한 사례에 불과했다. 관세청의 고위 관료들이 외국 기업들로부터 뇌물을 받고 그 대가로 세금이나 관세를 부당하게 감면해 주거나 면제해 주었는데, 그 규모가 약 600억 CFA 프랑에 달했다. 이러한 부패 행위는 가봉의 경제에 부정적인 영향을 미쳤고, 국제 사회에서도 비판을 받았다. 이러한 배경에서 경제 번영의 시기 동안 오히려 국가 부채가 급증했고 1977년 외채는 약 5,000억 CFA 프랑에 달했다.

결국 1977년 석유 생산이 감소하기 시작하면서 위기가 발생했다. 상황을 개선하기 위해 봉고 대통령은 1976년부터 '민주적이고 협조적인 진보주의'라고 불리는 정책을 도입했다. 이 정책은 자본 소유자, 근로자, 국가 간의 협력을 강화해 '야만적 자본주의'의 확산을 막는 것을 목표로 했다. 국제통화기금(IMF)의 지원을 받아 경제 회복 계획이 수립되었고, 이로써 국가가 위기를 신속히 극복할 수 있었다. 그러나 가봉이 진정한 회복을 이루는 데는 1979년 '제2차 석유 위기'가 더 크게 작용했다. 1979년 산업화 국가들의 수요 증가로 인해 원유 가격이 다시 상승하기 시작했고, 미국 레이건 행정부의 고금리 정책으로 인해 달러 환율도 급등했다. 이 두 가지 요인은 1977년부터 가봉이 겪어온 석유 생산량 감소 효과를 크게 상쇄했으며, 경제 회복을 가능하게 했다.

4. 예술, 문학 및 문화 분야

1970년대 가봉의 경제 발전이 이루어지면서 농촌 지역에서 점점 더 많은 인구가 도시로 이주했다. 1960년 전체 인구의 약 15%였던 도시 인구는 1990년대 초반에는 73%에 달했다. 리브르빌과 포르-장티와 같은 도시 지역으로 인구가 집중되면서, 서구 문화가 급속도로 확산되었다. 서구 문화의 확산은 미디어의 발달에 의해 촉진되었는데, 증가한 라디오와 텔레비전 채널의 콘텐츠들은 거의 100% 외국 프로그램들이었다. 서구의 신문, 도서, 영화들도 광범위하게 유통되었다. 서구 영화의 경우 1985년 이후 많은 비디오 대여점의 설치로 인해 유통이 더욱 가속화됐다. 또한 이러한 외국 문화의 확산으로 인해 프랑스어 사용의 일반화, 토착 언어의 점진적 감소, 지역 전통춤의 쇠퇴, 랩과 같은 서구 리듬의 확산과 미국 영화 등에서 모방된 행동 패턴, 가족 관계의 약화 및 개인주의의 지속적인 확산 등의 현상이 나타났다. 그러나 봉고 정권은 자국 문화 보전을 위한 노력을 거의 하지 못했고, 문화 진흥 정책은 없다시피 했다.

가봉의 예술과 문화의 발전은 대부분 개인적 차원에서 이루어졌다. 힐라리온 은게마(Hilarion Nguema), 마카야(Makaya), 피에르-클라베 아켄당구에(Pierre-Claver Akendengué) 같은 가수들은 가봉의 특색을 가진 음악을 추구했으며, 이들의 활동은 해외에서까지 알려지기도 했다. 1980년대에는 젊은 음악가들인 민차(Mintsa)와 앙드레 페페 은제(André Pépé Nze)가 가봉의 전통 음악인 음베(mvet)의 리듬을 자신들의 음악에 도입하기도 했다.

반면에 회화와 조각 분야에서는 두드러진 성과를 나타냈다. 국내외에서 교육받은 많은 예술가들이 리브르빌의 국립 예술 공예 센터(Centre National d'Art et Manufacture)를 중심으로 모여들어 활발한 활동을 이어갔다. 그들 중 장 프로스퍼 에코레(Jean Prosper Ekoré)는 유엔 본부 홀에 작품을 전시했으며, 마르슬린 민코에-민제(Marcelin Minkoë-Minze), 크리스티앙 은동 망자메(Christian Ndong Menzamet), 페펭 안토니오(Pépin Antonio) 등의 조각가들은 '무푸마 아주

마'(Mufuma Adzuma)라는 독창적인 장르를 창시했다.

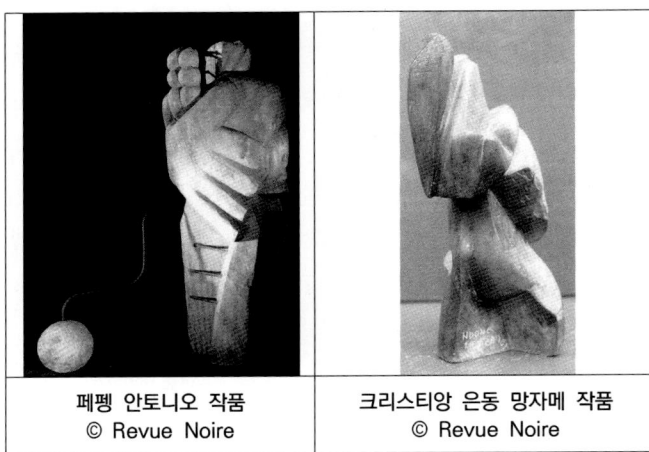

페펭 안토니오 작품	크리스티앙 은동 망자메 작품
© Revue Noire	© Revue Noire

　　그러나 대중문화 분야는 봉고 개인숭배에 대한 압박이 가해 졌다. 이는 예술 창작에 있어서 심각한 제약으로 작용했고, 지 적 생산물 전반에 부정적 영향을 끼쳤다. 영화 분야에서는 샤 를 멘사(Charles Mensah)의 몇 편의 다큐멘터리들, 그리고 헨리-조셉 쿰바(Henri-Joseph Koumba)의 미친 원숭이 (Singe fou), 드레드 폴 무케타(Dread Pol Mouketa)의 라피 타(Raphia) 등 몇 편의 단편 영화들이 주목을 받았다. 그러나 장편 상업 영화들은 뚜렷한 업적을 거두지 못하고 쇠퇴해 갔 다. 문학 분야에서는 오쿰바-응코게(Okoumba-Nkoghe)와 로랑 오웬도(Laurent Owondo)가 약간의 두각을 나타냈을 뿐, 정권에 거슬리는 작가들은 탄압을 받았다.

5. 봉고 정권의 외교

봉고 정권은 외교 분야에서 프랑스와 밀접한 관계를 유지했고, 프랑스는 국가 경제에서 지배적인 위치를 차지하고 있었다. 그러나 봉고 정권은 외교적으로 개방성을 추구했다. 봉고는 모든 대륙의 국가들과 관계를 수립했으며[11], 여기에는 사회주의 국가들도 포함되었다. 아프리카 내부에서도 여러 회의나 분쟁 해결에 주도적인 역할을 많이 했다. 이러한 가봉의 국제 무대에서의 위상 강화로, 리브르빌은 국제회의의 개최지로 자리 잡으며 아프리카 외교의 주요 허브 중 하나로 부상했다.

그러나 봉고 정부 시절 가봉은 여러 차례 국제적 분쟁에 휘말렸다. 1968년부터 가봉이 나이지리아의 분리주의 세력인 비아프라에 적극적인 지원을 하면서 가봉과 나이지리아의 관계는 1972년까지 악화되었다.

비아프라(Biafra) 사태

비아프라 사태는 1967년~1970년 동안 나이지리아의 남동부 지역에 거주하던 이보족(Ibo)이 독립을 시도하면서 벌어진 전쟁과 그에 따른 일련의 상황을 지칭하는 용어이다.

1960년대 중반, 나이지리아 사회는 경제적, 정치적 불안정과 민족적 갈

---

11) 1975년 대한민국을 국빈 방문했으며 이후로도 3차례나 방문해서 아프리카 국가 정상 중에서 가장 많은 방한 횟수를 기록했다. 방한 이후 가봉은 여러 국제 회의에서 대한민국의 입장을 강력히 지지했다.

등이 고조되어 있었다. 당시 나이지리아 북부 지역은 하우사족이 다수였는데 남동부 출신인 부유하고 교육받은 이보족에 대해 강한 적개심을 가지고 있었다. 결국 폭력 사태가 발생해서 1966년 9월, 북부 지역에서 약 1만 명에서 3만 명의 이보족이 학살당했고, 그 결과 약 100만 명의 이보족이 남동부 지역으로 피난 갔다. 이후 남동부 지역에서는 이보족이 아닌 사람들이 추방되었다.

1967년 5월 30일, 나이지리아 동부 지역 사령관 오두메구 오주쿠 (Odumegwu Ojukwu) 중령은 이 지역을 비아프라라는 이름의 독립 국가로 선언했다. 나이지리아 정부는 비아프라의 분리를 인정하지 않았고 7월에 전투가 시작되었다. 1970년까지 이어진 내전으로 수많은 사망자가 발생하였고, 사망자 수는 정확한 통계가 없어 대략 50만 명에서 300만 명으로 추산된다. 당시의 국제 정세는 대부분의 국가들이 기존의 나이지리아 정부를 계속 인정했고, 영국과 소련은 나이지리아에 무기를 지원했다. 반면 프랑스, 코트디부아르, 가봉, 탄자니아, 잠비아는 비아프라를 독립국으로 인정했고, 프랑스는 비아프라에 무기를 지원했다. 결국 1970년 1월 나이지리아 정부군이 최종적으로 승리함에 따라 비아프라는 사라지게 되었다. 비아프라 전쟁 기간 중 아프리카통일기구(OAU), 교황청을 비롯한 많은 나라들이 두 세력을 화해시키려 노력했다.

전쟁 기간 중 전쟁으로 인해 굶주리는 비아프라 아동들에 대한 국제적인 동정 여론이 일었고, 이는 비아프라 아동 지원이라는 국제적 캠페인으로 이어졌다. 결국 비아프라는 사라졌지만, 비아프라는 용어는 아프리카 난민들의 어려움과 인도적 지원을 상징하는 용어로 남았다.

1972년 8월~9월에는 적도기니와 음바니에(Mbanié) 섬의 주권 문제를 둘러싸고 전쟁 직전까지 가기도 했다. 다행히 이 문제는 1973년 6월 적도기니 대통령 마시아스 응게마가 리브르빌을 공식 방문했을 때 우호적으로 해결되었다. 1972년 10

월에는 아랍 국가들로 구성된 아프리카 연합(OUA) 회원국들과의 연대 차원에서 가봉은 이스라엘과의 관계를 단절했다. 1977년 1월 16일 베냉에서 발생한 쿠데타 시도 적발 사건 이후에 가봉과 베냉의 관계는 심각하게 악화되었다. 베냉은 가봉이 쿠데타 준비에 관여했다고 의심하면서 가봉의 봉고 정권을 격렬하게 비난했다. 1978년 7월, 카르툼에서 열린 아프리카 연합(O.U.A.) 정상회담에서 두 국가의 정상들 사이에 격렬한 언쟁이 벌어지기도 했다. 가봉에서는 가봉 거주 베냉인 커뮤니티에 대해 가봉인들의 학대가 벌어졌고, 군이 개입해 가봉 국적을 소지하지 않은 모든 베냉인들을 베냉으로 송환했다. 두 나라의 화해는 1979년에야 이루어졌다.

제10장 제2공화국의 종식

1. 독재 정권의 실정

　봉고 정권이 들어서면서 1970년대 동안 국가에 끼친 근본적인 피해는 다양했다. 가봉은 그 이전에는 찾아볼 수 없었던 새로운 사회악을 만나게 되었다.

　그중 가장 큰 것은 가봉 사회에 민족 우선주의가 자리잡게 된 것이다. 다른 아프리카 국가들과 마찬가지로 많은 민족들로 구성되어 있던 가봉은 봉고 체제하에서 특정 민족들만이 혜택을 보는 민족 우선주의가 만연하게 된다. 정부의 고위직과 행정 기관의 공무원직, 기업, 군대 등 사회의 모든 분야에서 개인의 능력이 아닌 민족적·지역적 소속이나 비밀 결사체의 가입 여부가 우선되었다. 이로 인해 국가의 모든 분야에서 무능한 고위 관리들이 급증했다. 공금 횡령, 부패, 편파적 처우 등이 만연했으며, 시간이 지나면서 일반적인 관행이 되었다. 봉고 자신도 이 문제를 알고 있고 자주 지적했으나, 체제의 붕괴를 우려해서 과감한 개혁을 할 수는 없었다.

　또한 봉고의 통치 기간에 많은 반대파들의 제거가 더욱 과격하게 이루어졌다. 식민지 시절의 프랑스 식민 정부는 민족주의자들을 추방하는 정책을 시행했고, 레옹 음바는 자신의 반대자들을 연금이나 구금했던 반면, 봉고의 통치 시절에는 수많은 살인 또는 살인 미수, 실종 사건으로

제르망 음바
© 위키피디아

얼룩졌다. 1971년 9월 제르망 음바(Germain Mba) 암살, 1977년 은두나 데페노(Ndouna Dépénaud) 암살, 1979년 10월 로베르 루옹(Robert Luong) 암살, 1980년 피에르 팡기노베니(Pierre Fanguinovény), 1990년 5월 야당 지도자 조셉 랑장베(Joseph Rendjambé) 암살 사건 등 수많은 암살 사건이 있었고, 암

로베르 루옹
© Jeune Afrique

살 시도도 빈번했다. 이러한 암살 사건들에 대한 수사는 뚜렷한 결론 없이 종결되곤 했다. 결국 초기에 국민들의 지지를 받았던 오마르 봉고[12] 정권에 대한 국민들의 지지는 사라지고 점차 국민들 사이에서 불만이 고조되게 되었다.

2. 국가재건운동(MORENA)의 등장

1981년 5월 10일 프랑스 대통령 선거에서 사회당의 프랑수아 미테랑이 승리하자 가봉 국민들은 열광했다. 그동안 프랑스 우파의 강력한 지지를 받아온 봉고의 일당 독재 체제도 필연적으로 붕괴될 것으로 생각했기 때문이었다. 이러한 분위기는 가봉의 야당 세력 재건으로 이어졌다.

1981년 11월, '국가 재건 운동'(Mouvement de Redressement

---

12) 알베르 봉고는 1973년 9월에 이슬람교로 개종하여 이름을 '오마르'로 바꿨다.

National, MORENA)이 결성되었다. 당시 가봉이 일당제 국가였기 때문에 모레나의 활동은 불법이었다. 그러나 모레나는 스스로를 망명 정부로 선포하고 활동해 나갔다. 모레나는 봉고 정권의 실정을 담은 가봉 백서를 작성하여 프랑스 정부에 전달할 계획을 세웠으나, 내부 배신으로 인해 실패했다. 이 사건으로 인해 발생한 대규모 반정부 시위는 무력으로 진압되었고, 모레나의 조직은 거의 해체되다시피 했다.

그러나 또 다른 반정부 단체를 이끌던 노엘 은과 은게마 신부가 모레나의 잔여 세력과 함께 저항을 계속해 나갔다. 봉고는 모레나 세력에 대해 강력한 대응을 하였다. 모레나 지휘부 인사들은 체포되어 중형에 처해졌다. 이들은 최대 20년의 강제 노동형과 10년의 거주 금지, 5년의 시민권 박탈 등의 가혹한 처벌을 받았다. 국제 사

노엘 은과 은게마
© 위키커먼스

회의 압력으로 인해 1985년 8월에 이들에 대한 석방이 이루어졌지만, 국민들의 불만은 경제 위기가 발생하면서 더욱 심화하게 된다. 사회적 불공정이 점점 더 심화되었고, 이는 1990년 1월부터 시작된 연이은 파업과 폭력적인 시위로 이어졌다. 이처럼 악화되는 재정난과 당국이 취한 대응 조치들은 심각한 사회적 불안을 초래했으며, 이는 정치적 요구로 번져 일당 체제인 정권의 종말을 알리는 신호가 되었다.

3. 제2공화국의 종말

80년대 들어서 공공 자금의 유출과 국가 재정 관리의 부실은 심각한 수준에 이르게 된다. 그러나 이에 대한 어떤 조치도 취해지지 않았고, 정권으로부터 혜택을 받는 극소수들의 호화로운 생활은 계속되었다. 반면에 대다수 국민의 생활 조건은 임금 하락, 실업률 상승, 필수품 가격 상승, 보건 및 교육 시설의 부족과 노후화, 도로망의 열악함 등 최악의 상황이었다.

1982년 10월의 탄압으로 가봉 내에서 모레나의 활동은 사라졌지만, 가봉의 반체제 인사들은 프랑스에서 모레나를 재조직하여 명맥을 이어갔다. 1985년에 시작된 유가 폭락으로 정권의 마지막 남은 지지 기반이 사라지자, 전직 가톨릭 사제인 폴 음바 아베솔(Paul Mba Abessole) 신부의 지도 아래 새롭고 더욱 단호한 정치적 반대 세력으로 부상하게 된다. 정치적 정당으로 발전하게 된 새로운 모레나는 봉고 정권에게 무엇보다도 다당제 복원을 요구했다.

폴 음바 아베솔
© 위키피디아

1990년 폭동 사태

1980년대 후반의 국제적인 냉전 종식 분위기 조성과 미테랑의 민주화 요구, 그리고 모레나를 위시한 반정부 야당 세력의 성장은 민주주의를 향한 가봉 국민들의 열망을 고취시켰고, 이는 봉고 정권에 대한 구체적인 행동으로 나타나게 되었다.

1990년 1월 오마르 봉고 대학교에서 봉고 정권의 실정을 비판하고 민주화를 요구하는 학생들의 시위와 수업 거부가 전교적으로 일어나게 된다. 경찰의 폭력적인 개입으로 캠퍼스에서 수많은 중상자와 상당한 물질적 피해가 발생하게 되자, 오마르 봉고 대학의 시위는 리브르빌의 여러 지역에서 폭동으로 발전하게 된다. 여기에 노동계의 파업 운동이 가세하게 되자 2월에는 시위가 전국으로 퍼져나갔으며, 산업 분야의 파업과 함께 리브르빌에서는 대중 시위와 약탈이 잇따랐다. 파업자와 시위대의 요구는 소득의 공정한 분배와 민주화였다.

이러한 시국이 되자 결국 봉고 대통령은 가봉민주당의 해산과 가봉사회민주연합(RSDG)이라는 새로운 정치 조직의 창설, 공무원 급여 체계 개편, 특별연대세 및 주택 공제 폐지, 1987년에 시작된 특별연대대출 조기 상환 등 많은 약속을 했다.

1990년 3월 야당인 모레나가 수년 만에 활동을 개시했고, 많은 군소 조직들이 이에 합류했다. 여당인 가봉민주당은 1990년 5월 17일부터 23일까지 열린 전당대회에서 만장일치로 과도기 헌법을 제정할 것을 의결했다. 새로운 헌법은 가봉에서 다당제 정치를 복원하는 내용이 담겼다. 그러나 봉고가 2월에 약속했던 가봉민주당의 해체는 비준되지 않았다.

1990.5.5. 리브르빌 시위 장면
© L'histoire du Gabon

1990.5.5. 시위에서 연설하는 조셉 랑장베
© L'histoire du Gabon

　　가봉민주당과 봉고 정권에 대한 비난과 시위가 격해지던
1990년 5월 22일 밤 야당 지도자인 조셉 랑장베(Joseph

Rendjambé)가 리브르빌의 호텔에서 암살되었다.

조셉 랑장베 암살 당시 신문 기사
© Souveraineté du Gabon

　다음날인 1990년 5월 23일 리브르빌과 포르-장티에서 무장 시위대에 의한 폭동이 동시에 발생했다. 여러 공공 및 민간 건물이 방화되었고, 무장 폭동 사태는 랑바레네 등 다른 도시들에까지 퍼져 나갔다. 프랑스인들에 대한 위협을 느낀 프랑스는 가봉에 수백 명의 외인부대 병력을 파견하기로 결정했다. 대도시의 무장 폭동은 군대의 개입이 있은 후에야 잦아들었다. 5월 29일 새벽, 가봉 군은 도시의 빈민가에서 무장 시위대의 진지를 공격했다. 군대의 발포로 여러 명이 부상당했고, 많은 사람이 체포되었다. 무기와 탄약도 압수되었다. 그러나 5월 29일 하루 종일 반군 무장 단체들은 매우 유동적으로 움직이며 저항을 계속했고, 다음 날 밤까지 혼란은 지속되었다. 이러한 상황은 외부의 압력으로 인해 6월 말경에야 완화되기 시작했다.

1990년 6월 14일 유럽 의회는 가봉의 폭동 사건, 자이르[13] 의 루붐바시에서의 학생들 학살, 카메룬의 바멘다 시위 유혈 진압, 라이베리아 내전 악화 등 일련의 아프리카 국가들에서 벌어지는 비민주적 폭력 사태에 대해 결의안을 채택했다. 유럽 의회의 결의안은 '로메 협약 이행 과정에서 인권 존중을 고려 하라'는 것이었다.

로메 협약

로메 협약은 1975년 2월 토고의 로메에서 체결된 유럽 경제 공동체(EEC) 와 아프리카, 카리브해, 태평양 71개국의 개발 도상국 간의 무역 및 원조 협정이다. 로메 협약은 당시 EEC와 개발 도상국, 특히 프랑스. 영국, 네덜 란드, 벨기에의 옛 식민지 국가들 간의 새로운 협력 체계를 정의하기 위한 것이었다.

협약의 핵심 내용은 개발 도상국의 농산물 및 광물 수출품을 무관세로 EEC에 반입하는 것과 EEC가 개발 도상국 국가들에 대해 원조 및 투자를 하는 것이었다.

로메 협약은 세 차례 재협상 및 갱신되면서 원조 및 투자 금액이 계속 증가 하였다. 1989년 12월에 서명된 로메 IV는 원조 및 투자 공약 금액은 120 억 유로를 약속했고, 가입국도 1975년 1차 협약 때의 46개국에서 70개국 으로 늘어났다.

1990년 6월 19일 프랑스의 프랑수아 미테랑 대통령은 프랑 스-아프리카 국가 정상회담에서 아프리카 국가 정상들에게 앞

---

13) 지금의 콩고민주공화국

으로의 지원은 민주화의 길로 나선 국가에만 국한될 것이라고 분명하고 확고하게 밝혔다. 프랑스와 유럽연합의 압력을 받게 된 봉고 정권은 민주화로의 이행을 강조하는 성명을 잇달아 발표하고 야당과의 접촉을 재개했다. 그러나 언론은 여전히 유일한 당인 가봉민주당과 그 동맹 세력의 영향력 아래 있었다.

이러한 상황에서 정부는 1990년 9월에 120명의 의원을 뽑는 총선을 치렀다. 선거 기간 동안 숱한 부정선거 논란이 일었고, 야당은 9월 16일 발표된 선거 결과를 전면 부정하고 무효화를 요구했다. 선거 기간 동안의 부정행위는 정부도 부정할 수 없을 정도로 명확하고 증거가 확실한 것이어서 결국 봉고 정부는 선거의 일부를 무효화하고 부분 재선거를 발표했다. 1990년 10월에 실시된 재선거에서 가봉민주당은 재적인원 과반수를 넘는 의석을 확보할 수 있었다. 1차 선거보다는 덜했지만, 여전히 부정 논란이 많았던 2차 선거에서 야당이 재선거 자체를 거부하고 가봉민주당 단독 출마로 이루어졌기 때문이다. 이때부터 야당의 투쟁 강도가 급격히 떨어졌는데, 많은 사람들은 야당 지도자들의 봉고와의 야합을 의심했다. 새 국회는 다당제를 재도입하고 1991년 3월 15일 새 헌법을 만장일치로 채택했다. 이로써 가봉의 제2공화국은 끝이 나고 제3공화국으로 접어들었다.

제2공화국이 출범할 당시 봉고 정권은 가봉 역사상 최고였던 막대한 재정을 보유하고 있었다. 그러나 제2공화국이 끝날 때쯤 국가의 경제 전망은 매우 어두운 상황이 되었다. 특히 경제 인프라 분야의 열악한 도로망, 사회 분야의 불평등과 실업의 확산, 교육 및 보건 시설의 부족과 노후화 등에서 두드러졌다. 이러한 결과는 국가 최고 지도층의 부패와 무능의 결과 외에는 설명할 길이 없었다.

1990년 국민적 투쟁의 결과로 많은 국민들이 원했던 다당제는 이루어졌지만, 진정한 개혁인 정권의 교체에는 실패했다. 봉고 정권은 정치적 위기를 넘기고 집권을 계속해 나갔고, 국민들은 오랜 투쟁에 지쳐 정치에 대한 무관심해지기 시작했다. 이는 그 후로도 오랫동안 지속될 1인 통치의 시대를 예고하는 것이었다.

제11장 제3공화국

1. 제3공화국 출범과 독재의 지속

가봉은 1991년 3월 15일 다당제 선거를 재도입하고 새 헌법을 채택하면서 제3공화국이 출범했고, 이는 몇 가지 수정을 거쳐 현재까지 이어지고 있다. 다당제 선거 재도입 외에도 새 헌법은 준 대통령제 도입, 대통령 임기 5년으로 변경과 권한 축소, 선거를 감독할 헌법재판소 설립, 국가통신 위원회 신설 등 사법적 견제 장치들을 가지고 있었다. 그러나 가봉의 실질적 민주화는 이루어지지 않았고 오마르 봉고의 독재 통치는 계속되었다. 냉전이 끝난 후 1990년대 아프리카 대륙을 휩쓴 민주화의 물결 속에서 권력을 잃은 다른 아프리카 통치자들과 달리 봉고는 새로운 환경에 성공적으로 적응했다.

사실 제2공화국이 막을 내렸을 때 봉고의 계속 집권 전망은 매우 부정적이었다. 막대한 천연자원을 보유한 국가였음에도 불구하고, 기반 시설 부족, 포장도로의 질 저하, 학술 및 의료 장비 부족, 그리고 불평등 심화와 높은 실업률 등은 정권의 무능 외에는 설명하기 힘들었다. 게다가 봉고와 부인, 일가친척들의 부패와 치부는 극에 달했다. 미국과 프랑스 정부의 일련의 조사를 통해 봉고와 그의 가문이 수십 년 동안 수십억 달러의 국가 수입을 해외 비밀계좌로 빼돌리고 해외 고급 부동산들을 구입했다는 사실이 밝혀졌다. 엄청난 부를 축적한 그의 가문은 아프리카 최고 부자 가문 중 하나로 손꼽혔다.

그럼에도 불구하고 봉고가 권력을 계속 유지할 수 있었던 것은 수십 년 동안 구축해 온 정부 내 자신의 지지 세력이 워낙 공고했기 때문이었다. 대통령 재위 기간 동안 그는 자식들과 인척들을 주요 정부 요직에 임명하여 명실상부한 왕조 공화국을 수립했고, 가봉민주당은 권력을 내려놓을 의지가 없는 소수의 봉고 체제하의 특권층으로 구성되어 있었다. 국가의 경제적, 정치적 어려움에도 불구하고 이들은 봉고에게 충성을 다했다.

제3공화국이 출범하고 2년 반이 지난 후 1993년 12월 대통령 선거가 치러졌다. 극심한 혼란 끝에 실시된 선거에서 야당 후보인 폴 음바 아베솔이 앞선 것으로 알려졌지만, 최종 공식 결과는 봉고 대통령이 51.07%의 득표로 승리했다고 발표되었다. 야당은 즉시 반발하여 헌법재판소에 판결을 요청하였고, 전국은 다시 일촉즉발의 위기에 빠졌다. 봉고는 전국에 경계 상태를 선포했다. 극도의 긴장 상태에서 1994년 1월 21일에 내려진 헌법재판소의 최종 판결은 현직 대통령 오마르 봉고가 51.18%의 득표로 승리했음을 확정했다.

최종 결과 발표 직후, 리브르빌의 여러 지역에서 폭동이 발생했다. 국민들은 매우 강하게 반발했으며, 그 강도는 내전 직전까지 이를 정도였다. 그러나 봉고 정권은 군대를 동원하여 시위를 폭력적으로 진압했다. 야당 지도자들에 대한 체포가 이어졌고, 이는 본격적인 군사 독재 정권의 시작을 의미했다. 폴 음바 아베솔은 간신히 체포를 피해 1994년 3월 프랑스 가봉 대사관의 보호를 받아 프랑스로 도피했다.

2. 1994년 파리 협정

프랑스가 야당 지도자를 보호하고 있고, 국제적인 비난이 이는 상황에서 오마르 봉고는 경색된 정국을 타개하기 위하여 야당 지도자들과 타협안을 협상하여 1994년 파리에서 협정을 체결했다. 협정의 내용에는 독립된 선거관리위원회를 설립하고, 대통령 경호대를 공화국 경호대로 전환하며, 반대 세력의 공정성과 안전을 보장하기 위해 일종의 국가민주평의회가 설립되는 안들이 있었다. 남은 것은 국민투표를 통하여 파리 협정의 내용에 대한 국민들의 승인을 받는 일이었다. 이 국민투표는 부정선거를 통해 당선된 봉고의 대통령직에 대한 인정을 의미하는 것이기도 했다. 1995년에 실시된 국민투표는 협정을 승인하고 봉고 대통령에 대한 정통성을 인정했다. 그러나 외형상의 결과에도 불구하고 그 내용은 실망스러운 것이었다. 공식 투표율은 35% 이상으로 계산되었지만 실제로는 투표 참여율이 매우 낮았다. 국민들은 협정의 내용 자체를 잘 몰랐으며, 무엇보다 1990년과 1993년에 겪은 부정선거의 경험 이후 선거에 대한 신뢰도가 바닥으로 치달았다. 국민들은 투표에 참여하는 것이 무의미하다고 여기고 국민투표 자체를 거부한 것이다. 이러한 극도의 정치적 무관심 상태는 이후로도 상당 기간 지속되었다.

1995년 실시된 국민투표는 가봉 국민들의 정치에 대한 극도의 피로감을 보여주는 것이었으며, 공화국 대통령 오마르 봉고에 대한 합법적 투쟁의 종말을 의미했다. 오마르 봉고는 1967년 헌법 개정을 통해 권력을 잡은 후, 두 번째로 우회적인 방법으로 국가의 수장으로 자리 잡았다. 이는 그가 지지자들과 함께 가봉의 정치 무대에서 완전히 통제권을 행사하며, 상대적으로 소극적인 야당을 압도한 것을 확인하는 것이었다.

이후 1996년 10월 실시된 지방 및 부서 선거는 표현하기 어려운 혼란 속에서 진행되었다. 수많은 투표 조작과 부정행위가 있었으며 투표율은 15% 미만에 그쳤다. 파리 협정의 협상 이후 야당은 협정 이후 진행될 여러 선거에서는 국제적 압력에 의해 어느 정도 투명성이 보장될 것이라고 믿었다. 그러나 현실은 정반대였다. 선거에서 부정행위는 전례 없는 수준에 이르렀고, 가봉민주당은 권력을 등에 업은 얻은 모든 우위를 활용해 다시 한번 압도적인 승리를 거두었다.

선거에서 승리한 가봉민주당은 또다시 헌법 개정을 추진했다. 대통령 임기를 5년에서 7년으로 연장하고, 공화국 부통령직 신설, 상원을 의회 상원으로 격상, 그리고 대통령 권한 공백시 상원 의장이 공화국 대통령 권한 대행을 맡는 권한 부여 등의 내용을 담은 헌법 개정은 1997년 4월 18일 국회 양원 합동 회의에서 표결을 통해 통과되었고, 이 모든 과정은 정치에 완전히 실망한 국민들의 무관심 속에서 진행되었다.

남은 생애 동안 봉고는 다당제 제도하에서도 단 한 번의 선거에서도 패배하지 않았다. 이후 치러진 1998년 대통령 선거, 2001년 의회 선거, 2005년 대통령 선거 등 주요 선거는 모두 선거 조작과 부정선거로 얼룩졌지만, 봉고는 언제나 공식적으로 승리했다. 42년 동안 재임하면서 역대 아프리카 대통령 중 최장수 임기를 누린 봉고의 통치는 2009년 6월 봉고가 사망하면서 막을 내렸다.

3. 알리 봉고 시대

알리 봉고
© Présidence du Gabon

오마르 봉고의 사망으로 치러진 2009년 8월 대통령 선거에서 오마르 봉고의 아들 알리 봉고(Ali Bongo)가 대통령에 당선된다. 국방부 장관을 맡고 있던 알리 봉고는 대통령 출마 과정에서부터 오마르 봉고의 후계자로서의 자격을 두고 가봉민주당내의 여러 경쟁자들의 도전을 받았지만 결국 가봉민주당으로부터 후계자로 인정받는 데 성공하였고, 부정선거 논란이 많았던 대통령 선거를 통하여 2009년 10월 제3대 대통령으로 취임하였다.

알리 봉고는 대통령의 자리에 오르자, 아버지 오마르 봉고와 차별화를 시도한 개혁안들을 시도했다. 개혁안의 핵심은 열대 우림으로 대표되는 풍부한 천연자원을 활용하여 가봉을 중진국으로 부상시키겠다는 의지하에 이루어진 대규모 인프라 투자였다. 그는 가장 먼저 오마르 봉고 통치 마지막 10년 동안 가봉에 들어와 아무런 조건 없이 후한 차관을 제공하겠다고 약속했던 중국의 도움을 받아 새로운 도로 건설에 착수했다. 그리고 싱가포르의 거대 기업 올람(Olam)과 함께 리브르빌에서 25km 떨어진 은콕(Nkok)에 관세 없는 경제특구를 출범시켰다. '가봉을 아프리카의 싱가포르로'라는 캐치프레이즈 하에 대통령령으로 올람에 가봉 국토의 10%를 팜유 농장 건설에 사용할 수 있도록 허가했다. 또한 가봉의 전통적 수익 구조를 개선하기 위해 미가공 목재 수출을 금지했다. 이는 그동안 원목 수출로 국가 경제의 한 축을 지탱해 온 가봉으로서는 파격적인 조치였다. 알리 봉고는 임업 사업자들이 가봉 내에서 가공 시설을 짓고 부가가치가 높은 목재 가공품을 수출함으로써 수익을 극대화하기를 바랐다. 이는 가봉의 목재 산업을 육성함으로써 새로운 일자리의 창출을 의도한 것이기도 했다. 이 야심찬 인프라 투자 계획은 당시 배럴당 100달러를 돌파한 유가를 비롯한 높은 원자재 가격 덕분에 가능했다. 그러나 국제 유가가 급락하자 알리 봉고의 개혁안은 당장 차질을 빚게 된다. 경제 부흥 계획이 큰 성과를 거두지 못하고 지지부진한 가운데 가봉의 정치 상황은 오마르 봉고 시절과 크게 다르지 않은 혼란이 계속되었다.

2009년 대통령 선거의 강력한 경쟁자였던 앙드레 음바 오밤(André Mba Obame)은 새로운 야당 국민연합(Union nationale)을 창설하고 선거의 부정을 지속적으로 비난했다. 그는 선거에서의 승리를 주장하며 스스로를 대통령으로 임명하기도 했고, 2010년 12월 프랑스방송국에서 방영한 다큐멘터리를 통하여 2009년 선거의 부정을 고발했다.

앙드레 음바 오밤
© Jeune Afrique

알리 봉고는 앙드레 음바 오밤을 반역죄로 기소했고, 이를 구실로 국민연합을 해산시켰다. 국민연합 외에는 뚜렷한 구심점이 없던 야당 세력은 2010년 말에 치러진 국회의원 선거를 보이콧했고, 실질적 야당이 존재하지 않는 상태에서 가봉민주당과 그 동맹 세력은 국회 의석 120석 중 114석(98%)을 차지했다. 이러한 상황에서 알리 봉고의 개혁안들은 대부분 지켜지지 못했고, 정국의 불안정과 관료들의 부패는 계속되었다.

2016년 8월 27일 치러진 대통령 선거에서 알리 봉고는 강력한 도전에 직면하게 되었다. 14명의 후보가 등록할 정도로 분열되어 있던 야권은 단결하지 않으면 선거에서 승리할 가능성이 없다는 사실을 깨닫고, 유엔 총회 의장과 아프리카연합 의장을 역임한 장 핑(Jean Ping)으로 후보를 단일화했다.

8월 31일 선거관리위원회는 알리 봉고가 49.8%의 득표율로 승리했다고 발표했다. 장 핑의 득표율은 48.2%였고 표 차이는 은 단 5,594표였다. 알리 봉고의 출신지인 오-오고웨 주는 투표율 99.93%에 알리 봉고 후보 지지율 98%라는 비정상적인 결과를 보였다. 즉시 선거 조작에 대한 시위가 벌어졌

장 핑
© 위키피디아

고, 정부는 군사적 대응으로 맞섰다. 2016년 31일 밤부터 9월 1일 아침 사이 장핑의 대선 캠페인 본부가 군부의 공격을 받아 여러 명이 사망했다. 장 핑은 군사-선거 쿠데타를 강력히 비난했지만, 2016년 9월 24일, 헌법재판소는 알리 봉고 50.66%, 장 핑 47.24%의 득표로 알리 봉고의 승리를 선언했다. 가봉 주재 미국 대사관의 투표소별 결과 공개 요청과 유럽연합의회의 투표소별 투명한 검증 요구 등 국제 여론의 압박이 있었지만, 결과를 뒤집지는 못했다.

2019년 1월 쿠데타 시도 실패

2018년 10월 알리 봉고는 뇌졸증으로 외국에 머무르며 치료를 받았다. 그는 한때 사망설이 돌 정도로 국내 정치에서 사라졌었지만, 2019년 1월 1일 소셜미디어에 등장하여 자신의 건재함을 알렸다. 그러나 알리 봉고가 모로코에서 SNS를 통하

여 국민들에게 연설한 지 며칠 만에 쿠데타가 시도되었다. 2019년 1월 7일 공화국 수비대 부사령관인 켈리 온도 오비앙 (Kelly Ondo Obiang) 중위가 리브르빌에서 소수의 특공대를 이끌고 정권을 전복하려 시도했다. 그러나 반란 세력은 쿠데타 당일에 제압되었다. 쿠데타 주모자 7명이 체포되었고 2명이 사망했다. 프랑스와 아프리카연합을 비롯한 여러 아프리카 국가들은 이 쿠데타 시도를 강력하게 비난했다. 알리 봉고는 타격을 받지 않았다.

2019년 8월, 봉고는 뇌졸증 이후 처음으로 휠체어를 타고 대중 앞에 모습을 드러냈고 이후 여러 차례 대중 앞에 모습을 드러냈다. 그러나 건강상의 문제로 실제 대통령의 임무를 수행하기는 어려웠다. 이 기간에 가봉에서는 외국 기업을 대상으로 공무원의 부패가 급증하기도 했다. 2021년 5월 알리 봉고는 런던을 방문하여 영연방 기구의 사무총장을 만났고, 2022년 6월, 가봉은 영연방의 55번째 회원국으로 가입했다.

4. 2023년 쿠데타와 봉고 정권의 종식

2023년 8월 26일에 실시된 대통령 선거는 알리 봉고의 정권 연장을 위하여 여러 무리수가 동원되었다. 2023년 4월 모든 선출직 공무원의 5년 임기와 재선 제한이 폐지되어 알리 봉고가 3선을 하기 위한 걸림돌이 사라졌고, 선거 제도도 야당에게 일방적으로 불리하도록 변경되었다. 선거 당일 외국의 언론 매체와 독립 감시단은 가봉에 입국하는 것이 금지되었다. 또한 인터넷 접속과 프랑스 뉴스 매체의 방송이 제한되었고 통행금지령이 내려졌다.

8월 30일 새벽 가봉 선거관리위원회는 알리 봉고의 재선을 64.27%의 득표율로 선언했다. 그러나 불과 몇 시간 뒤 군부 쿠데타가 발생하여 선거 결과를 무효화했다. '기관의 전환 및 복원 위원회'(Comité pour la transition et la restauration des institutions) 소속의 쿠데타 세력은

브라이스 올리기 은게마
© 위키피디아

8월 31일 공화국 수비대 사령관인 브라이스 올리기 은게마(Brice Clotaire Oligui Nguema) 준장을 임시 대통령으로 추대했다. 기관의 전환 및 복원 위원회는 사법부와 의회를 포함한 국가기관을 해산시켰고, 알리 봉고의 측근 고위 관료들을 부패 혐의로 체포했다.

2023년 9월 4일, 가봉의 임시 대통령으로 취임한 브라이스 은게마는 쿠데타 발생 일주일 후 건강상의 이유로 알리 봉고의 석방을 승인하고 해외 이주를 허락했다. 가택 연금 상태에서 쿠데타 세력에 저항하던 알리 봉고는 2024년 9월 19일, 정계 은퇴를 선언하고 2025년 5월 앙골라의 수도 루안다로 거처를 옮긴다. 이로서 2대에 걸쳐 55년간 가봉을 통치하던 봉고 왕조가 종식되게 된다.

브라이스 올리기 은게마는 2025년 4월 대통령 선거에서 90% 이상의 득표율로 승리하여 가봉의 4대 대통령이 되었다.

가봉 연표

선사 시대

40만 년 전–7만년 전	가봉 중부에 인류의 정착 시작
만 2천년 전	가봉 중부와 남부 지역에서 돌도끼와 화살촉 발견
8천년 전	로페즈 곶 근처에서 암각화 발견
5천년 전	최초의 피그미족이 오늘날의 가봉 지역에 거주
기원전 8세기	반투족의 이주.
기원전 8세기–15세기	반투족이 피그미족을 대체, 가봉 전 지역에 거주
기원전 6세기	페니키아 선원들 아프리카 해안 일주 항해

식민지화 이전

1415	포르투갈 세우타(Ceuta) 점령
1425	주앙 곤살베스 자르코 마데이라 섬 도착
1434	길 에아네즈 보자도르(Bojador) 곶을 넘어 항해
1445	디니즈 디아즈(Diniz Diaz)는 카보 베르테 도착
1471	주앙 데 산타라임 상토메 섬(São Tome)에 도착
1472	주앙 데 산타라임(João de Santarém)과 페드로 에스코바르 프린시페 섬(Principe)에 도달. 코모강(Komo) 입구를 발견하

	고 리오 가바옹'(Rio Gabão)이라고 명명
1473~1474	로페즈 곤살베스 로페즈 곶 명명
1475	루이 데 세키에라 카타리나 곶 도착
1480	페르낭 바즈가 오고웨강 삼각주 남쪽에 위치한, 석호를 탐험, 자신의 이름을 붙임
1493	유럽 식민자들은 사탕수수 재배와 플랜테이션 유지 위해 노예제를 도입
1515	최초의 프랑스 상선 코모강 하구에 도착
1600	네덜란드인들이 코리스코 섬에 요새를 건설. 음퐁웨족에 의해 파괴됨
1760 -1840	대서양 노예무역이 절정에 달함.
1778	포르투갈이 니제르강과 오고웨강 사이의 해안에 대한 권리를 스페인에 양도

식민지 시대

1839	프랑스 제독 부에-월로메즈 음퐁웨족 족장 안추웨 코웨 라퐁티옴보와 보호조약 체결, 코모 강 하구 동쪽 강변의 약 12km의 땅을 완전 소유권으로 획득
1842	루이 왕 레-도우에 프랑스와 보호 조약 체결. 프랑스인들 코모 강 하구 오른쪽 강둑에 정착 미국해외선교위원회 소속의 월슨과 그리스월드 목사 리브르빌 인근의 글라스타운에 바라카선교단 설립

1843	코모 강 하구에 프랑스 영구 정착지인 포르-도말이 건설 됨
1844	프랑스 코모 강 하구 전역에 대한 권리 획득 프랑스의 베시외 신부가 프랑스의 무역 거점인 포르 도말 옆에 성 마리아 선교단 설립
1849	부에-윌로메즈가 리브르빌을 건설하고 해방된 노예들을 정착시킴 리브르빌에 최초로 프랑스 식민 정부 기관 설치
1852	성 마리아 선교단 성 베드로 선교단 설립
1854	프랑스 식민정부 다른 서양 국가의 상인들이 가봉에 정착할 수 있도록 허용
1855	폴 벨로니 뒤 샤유 오고웨 강 삼각주를 탐험
1856	가톨릭 선교단 가봉 최초의 학교 설립
1859	리브르빌을 수도로 하는 '프랑스 코트 도르와 가봉 식민지' 출범
1862	로페즈 곶에 대한 프랑스의 주도권 확립
1867	아이메스 오고웨강 하구에서 은구니강 합류점까지 탐사, 해안에서 랑베레네까지의 경로 개척 완료
1873-1874	알프레드 마르슈와 빅토르 드 콩피엔뉴가 이빈도강 합류점까지 개척
1875-1885	피에르 사보르냥 드 브라자 오고웨 강 유역을 따라 콩고 분지까지 탐사. 내륙 경로 개척 완료
1886	프랑스 정부 가봉을 '프랑스령 콩고'에 병합
1889	독일의 뵈르만 회사가 오쿠메 원목을 최초로 함부르크로 수출
1894	오-고오웨 상업 및 산업 회사(S.H.O.) 설립
1895	에만느 톨레 무장 봉기 시작

1899	'프랑스 콩고'에 40여 개의 양허 회사 설립 양허 회사들이 광대한 영토를 부여받고, 벌목을 실시
1900	가봉과 스페인령 기니 국경 확립 프랑스령 콩고에 원주민법이 적용 됨
1902	에만느 톨레 식민지 정부에 투항
1903-1908	미초고족의 지도자 은봉베 무장 항쟁
1906-1909	가봉 남부에서 마부룰루 무장 항쟁
1907-1909	북부의 팡족 빈지마 반란 시작
1911	모로코에서 아가디르 사건 발생. 프랑스와 독일의 협정에 의해 프랑스가 가봉 북부 지역 월뢰은템을 독일에 할양하고, 독일은 이 지역을 카메룬에 합병
1913	알베르 슈바이처 랑바레네에 병원 설립
1914-1915	제1차 세계대전 발발, 프랑스 식민지 군대 독일군과의 전투에서 승리, 독일 철수
1916	인권 및 시민권 리그 가봉 지부 설립
1918	가봉청년협회 설립
1925	오-오고웨 중부 콩고에 합병
1928	라투르빌에서 웡고 무장 투쟁 시작
1929	웡고가 오고웨-롤로에서 무장 봉기 종식
1931	레옹 음바 비밀 조직 결성, 대규모 항쟁 기도 실패
1932	레옹 음바 우방기-샤리로 추방

1940	제2차 세계대전 발발. 가봉내 비시파와 드골파 간의 교전 이후 가봉은 자유프랑스 편에 섬
1944	브라자빌 프랑스 아프리카 회담 개최
1946	장-힐레르 오밤 가봉 출신으로는 최초로 프랑스 국회의원이 됨
1946	오-오고웨 가봉에 영구 합병
1956	레옹 음바 리브르빌 시장으로 선출
1956	적도아프리카석유회사 오주리에서 최초의 유정 시추
1958	가봉이 프랑스공동체 내 자치 국가가 됨

독립 이후

1960	가봉 독립
1961	레옹 음바 대통령 선출
1962	오고웨 광업 회사 망간 채굴 시작
1964	레옹 음바에 대한 군사 쿠데타 발발, 프랑스군의 개입으로 무산
1967	레옹 음바 사망. 알베르-베르나르 봉고 대통령직 승계
1968	알베르 봉고 일당 독재 체제 수립
1970	리브르빌 대학교 개설
1971	야당 지도자 제르맹 음바 리브르빌에서 암살
1973	알베르-베르나르 봉고 이슬람으로 개종하여 오마르 봉고로 개명
1975	가봉 OPEC 가입

1976	리브르빌 종합 경기장 완공. 첫 중앙아프리카 게임이 개최
1977	가봉 시인 은두나 데페노 암살
	오마르 봉고가 리브르빌에서 일련의 프로젝트시작
	국영 항공사 에어 가봉 설립
	리브르빌에서 아프리카통일기구(OAU) 정상회의 개최
1978	가봉 정부 수천 명의 베냉 국민 추방
1981	불법 야당인 모레나 창당
1981	가봉 수천 명의 카메룬 국민 추방
1981	오마르 봉고 워싱턴에서 로널드 레이건 미대통령 접견
1982	교황 요한 바오로 2세 가봉 공식 방문
1983	프랑수아 미테랑 프랑스 대통령 가봉 공식 방문
1983	CICIBA(국제반투문명센터) 설립
1985	리브르빌에서 알렉상드르 만자 응고쿠타 대위 처형
1986	리브르빌-프랑스빌 철도노선(트란스가봉) 개통
1990	다당제 부활
	프랑스군 포르-장티와 리브르빌에서 외국인 소개(샤크 작전)
1993	오마르 봉고 대선에서 승리
1994	CFA 프랑의 평가절하 수입 가격 상승과 가봉의 구매력 하락
1994	가봉, OPEC 탈퇴

1995	가봉 수천 명의 미등록 외국인 추방
1996	폴 음바 아베솔 신부 리브르빌 시장으로 선출
1996	에볼라 유행으로 오고웨-이빈도에서 수십 명 사망
1997:	오마르 봉고가 드니 사수-응게소의 콩고 브라자빌 정권 복귀 지지
1998	오마르 봉고 대통령 재선
2002	13개 국립공원 설립
	폴 음바 아베솔 인권부 장관으로 임명됨
2005	오마르 봉고 대선에서 승리
2006	국영 항공사 에어 가봉 청산
2007	민간 기업 가봉 항공 설립
2009	6월 7일 오마르 봉고 사망
	오마르 봉고의 아들 알리 봉고 대통령 선출
2012	2012 아프리카 네이션스컵 공동 개최
2013	가봉 항공 청산
2016	알리 봉고 대통령 재선
2017	2017 아프리카 네이션스컵 개최
2023	대통령 선거 직후 군사 쿠데타 발발. 알리 봉고축출됨
	8월 30일 브라이스 올리기 은게마 임시 대통령 취임
2025	5월 3일 브라이스 올리기 은게마 대통령 취임

참고문헌

CLIST, Bernard, *Gabon: 100000 ans d'Histoire*, Sépia, 1995.

YATES, Douglas A., *Historical Dictionary of Gabon*, ROWMAN & LITTLEFIELD, 2018.

BERNAULT, Florence, *Colonial Transactions*, duke university press, 2019.

BEAUCHÊNE, Guy de, 〈la préhistoire du gabon〉, *Objets et Mondes, Tome III*, 1963.

PASCALE, Mihindu, *Contribution à l'étude de la céramique ancienne du GABON*, Université Omanar BONGO, 1985.

OSLISLY, Richard OSLISLY. *Archéologie dans le Parc National de la Lopé,* Multipress Gabon, 2010.

MEBIAMEZOMO, Maixant, 〈Le protestantisme évangélique français versus le pentecôtisme et ses modes d'acculturation au Gabon et en Afrique centrale à partir de 1935〉, *Histoire & Missions Chretiennes*, No 17, 2011.

DUPRÉ, Marie-Claude, 〈Masques de danse ou cartes géopolitiques? L'invention de Kidumu chez

les Téké tsayi au XIXe siècle⟩, Cahier
Science Humaine, 26 (31), 1990.

PERROIS Louis, *Gabon culture et techniques*, Office
de la recherche scientifique et technique
outre-mer, Centre de libreville Gabon, 1969.

OSLISLY, Richard, *Préhistoire, de la moyenne vallée
de l'Ogooué(Gabon)*, Thèse de doctorat
Université Paris 1, 1993.

GARDINIER, David E. , ⟨The schools of the American
Protestant mission in Gabon (1842-1870).⟩,
Revue française d'histoire d'outre-mer, tome
75, n°279, 2e trimestre 1988.

METEGUE N'Nah, Nicolas, *Histoire du Gabon*,
L'Harmattan, 2006.

인터넷 자료 출처

https://fr.wikipedia.org/wiki/Gabon
https://en.wikipedia.org/wiki/Gabon
https://commons.wikimedia.org

가봉의 역사

초판인쇄 2025년 8월 23일
초판발행 2025년 8월 25일

지 은 이 홍명희

펴 낸 이 홍명희

펴 낸 곳 아딘크라

주   소 경기도 용인시 기흥구 탑실로 152
         대주피오레 2단지 202-1602

전   화 031)201-5310

등록번호 2017.12. 제2017-000096호

ISBN 979-11-89453-35-0 93930

값 14,000원

ⓒ 2025